HAISHANGSICHOUZHILUDAMAOXIAN

海上丝绸之路大冒险

—— 第一部 ——

南海历险记

王军 等著

哈尔滨工业大学出版社
HARBIN INSTITUTE OF TECHNOLOGY PRESS

内容简介

奇奇是一条小中华鲟,出生在中国的母亲河——长江之中。少年时,他和兄弟姐妹们追随父辈的脚步,前往大海中茁壮成长。旅途中,因为一场意外,他和妈妈、兄弟姐妹们走散了,偶然遇到了一个自称资深航海旅行家的家伙——在人工繁育基地长大的小海龟翔龙。翔龙有一张神奇的地图——郑和下西洋航海图,他努力说服奇奇和他一起沿着大英雄郑和当年的航海路线去旅行,于是一场伟大的环游历险开始了……

刚出发,他们就遭遇了海洋中顶级的捕食者——牛鲨。在南海,他们兴致勃勃地欣赏秀美的风景,游玩神秘的海洋蓝洞,还结识了许多热情好客的朋友,有螳螂虾小胖、红鱼等。当然,意想不到的意外也随时发生,先是地图莫名丢失了,然后翔龙又落入了两个贪婪偷渔贼的圈套……

最终大家将如何营救翔龙?翔龙能否成功逃脱偷渔贼的魔爪?他和奇奇的环游旅行计划能否继续下去?看完《海上丝绸之路大冒险》第一部《南海历险记》,你就会有了答案。

图书在版编目(CIP)数据

南海历险记/王军等著. -- 哈尔滨:哈尔滨工业大学出版社,2017.3
(海上丝绸之路大冒险)
ISBN 978-7-5603-6018-8

Ⅰ.①南… Ⅱ.①王… Ⅲ.①儿童文学-中篇小说-中国-当代
Ⅳ.①I287.45

中国版本图书馆CIP数据核字(2016)第102711号

策划编辑	闻 竹
责任编辑	李广鑫
插 图	蒲 怡
出版发行	哈尔滨工业大学出版社
社 址	哈尔滨市南岗区复华四道街10号 邮编 150006
传 真	0451-86414749
网 址	http://hitpress.hit.edu.cn
印 刷	哈尔滨经典印业有限公司
开 本	787mm×1092mm 1/16 印张10.75 字数86千字
版 次	2017年3月第1版 2017年3月第1次印刷
书 号	ISBN 978-7-5603-6018-8
定 价	29.80元

(如有印装质量问题影响阅读,我社负责调换)

《海上丝绸之路大冒险》编委会

主　任：王　军

委　员：孟昭荣　　　　　　　鲁海娇
　　　　(哈尔滨幼儿师范高等专科学校)　(北京市昌平第二实验小学校)

　　　　陈　泽　　　　　　　何　萍
　　　　(哈尔滨市第五十八中学校)　　(河北省廊坊市香河县第一中学校)

　　　　叶春晓　　　　　　　丁　健
　　　　(哈尔滨市第三十二中学校)　　(深圳市南山中英文学校)

　　　　郑　也　　　　　　　陈淑华
　　　　(辽宁省葫芦岛市实验中学校)　(哈尔滨市第一二二中学校)

目录

一、爱问为什么的奇奇/1
本节知识小贴士　　金沙江是中华鲟的原始产卵地/16
奇奇海洋知识千千问　中华鲟名字的来历是什么？/17

二、一个自称海洋旅行家的家伙/19
本节知识小贴士　　长江入海口在哪？/32
奇奇海洋知识千千问　你知道郑和下西洋的历史吗？/33

三、危险的捕食者/35
本节知识小贴士　　什么是大陆架？/46
奇奇海洋知识千千问　如果鲨鱼停止游动结果会怎样？/47

四、美丽的南海我们来了/49
本节知识小贴士　　美丽的基隆港/60
奇奇海洋知识千千问　美丽的南海你了解多少？/60

五、神秘的蓝洞/63
本节知识小贴士　　珊瑚礁/75
奇奇海洋知识千千问　为什么皇带鱼被称为地震鱼？/76

六、宝贝地图不见了/78
本节知识小贴士　　南海中的钻井/89
奇奇海洋知识千千问　海洋蓝洞是怎么形成的？/89

七、突如其来的一张大拖网/91
  本节知识小贴士 珍贵的砗磲工艺品/102
  奇奇海洋知识千千问 你知道砗磲是什么吗？/103

八、为翔龙而设的陷阱/104
  本节知识小贴士 南海的禁渔期/116
  奇奇海洋知识千千问 郑和为什么要下西洋？/117

九、环游世界的计划要搁浅/119
  本节知识小贴士 违反禁渔令的处罚/127
  奇奇海洋知识千千问 世界上真的有蓝色的鳌虾吗？/128

十、天有不测风云/130
  本节知识小贴士 台风和飓风的区别/139
  奇奇海洋知识千千问 螳螂虾到底有多厉害？/140

十一、代号"风暴"的紧急营救/142
  本节知识小贴士 在海上遇到暴风雨怎么办？/154
  奇奇海洋知识千千问 蓝环章鱼有多危险？/154

十二、环游世界计划再次启动/156
  本节知识小贴士 "南海一号"沉船/164
  奇奇海洋知识千千问 郑和巧破失窃案/165

一、爱问为什么的奇奇

奇奇是谁？看见这个标题你多半会这么想。

奇奇是一个活泼可爱的中华鲟宝宝，住在长江葛洲坝水电站的大坝下。中华鲟是一种非常古老的鱼类，在大约一亿五千万年前他们的祖先就已经生活在地球上了，这时我们人类还没有出现，而大名鼎鼎的恐龙是他们的邻居。

鲟类家族遍布世界各地，不过中华鲟只生活在我国以长江流域为主的一些水系里，从名字就可以看出它们特别依恋家园，是中国特有的一种珍稀古老物种。

中华鲟是个大块头的家伙，它体态威猛，整个体形呈纺锤形，脑袋尖尖的，下方有一个好像开了一个裂缝的嘴巴。在身体的两侧各有一条由数十个三角形骨板首尾相连的特殊标志，这让它看起来更加与众不同、神采奕奕。

中华鲟是淡水中最大的鱼类，寿命也很长。在长江中发现过一条成年中华鲟，体长四米多，体重达一千多斤，被人们称为长江鱼王。

海上丝绸之路大冒险

在简单了解了一些有关中华鲟的知识之后，我们继续来说奇奇吧。在一个秋高气爽的日子，奇奇就出生在葛洲坝附近，一个温馨安静的中华鲟产卵孵化区。

这天天气晴好，橘红色的阳光透过清澈的江水照射在江底的一片鹅卵石上。鹅卵石的表面和缝隙之间，布满了一些半透明的卵囊，如果再仔细看，就会发现这些小小的黑点在不停地扭动——这些就是中华鲟妈妈产下的鱼宝宝们，很快他们就要出生啦。

在这些卵囊中，有一个特别圆特别大的，里面住着一个可爱的小家伙，他好像睡了一个很久的香甜大觉，只见他慢慢睁开眼睛，有些迷糊地打量四周——这就是我们的主人公奇奇，只不过现在他还是一个躲在安全温暖被子里的鱼宝宝而已。

透过卵膜，看见外面温暖的阳光和水波荡漾的新奇世界，奇奇立刻就被吸引了，只见他使劲扭动着身体，调皮地摇着小尾巴，使出全身的力气，用尖尖的脑袋顶破卵囊钻了出来。

哈——这是什么地方啊，奇奇好奇地打量着这个陌生的世界。这时许多和他模样差不多的鱼宝宝也争先恐后地钻破卵囊游了出来——这些都是他的兄弟姐妹，他们都兴奋地摆动着小小的鱼鳍，欢快地游动着。就在这时，原本明艳的天空忽然阴暗下来，一大片乌云般的阴影从鱼宝宝们的头顶飘过。

怎么回事，是怪物吗？好可怕啊！鱼宝宝们吓得一下紧紧地聚集在一起，缩成了一个大大的黑球，奇奇也害怕地躲在兄弟姐妹之中。

"孩子们，我亲爱的宝贝们。"一个格外慈爱的声音在他们的耳边响起，一束温暖的目光从"可怕的阴影"那里看着他们。

"你是谁？为什么叫我们宝贝？"一个胆子比较大长得胖乎乎的鱼宝宝奶声奶气地问道。

"因为我是你们的妈妈，你们都是我的亲生宝宝啊。"一个温暖的声音传来。原来这个巨大的身影就是中华鲟妈妈，从产下这些卵囊开始，她就日夜守候在这里，一直到孩子们平安出生。

妈妈——

妈妈妈妈——

……

"妈妈",多亲切温馨的称呼啊!鱼宝宝们忽然争先恐后地投向妈妈的怀抱,享受着妈妈温柔的爱抚。"我亲爱的孩子们,你们每一个都是我的心肝宝贝。"中华鲟妈妈眼里充满了浓浓的爱意,她看看这个,亲亲那个,任由孩子们撒娇,幸福撒满了清澈透亮的长江水。

刚开始的几天，鱼宝宝们还不能四处活动，这时他们好像一些小蝌蚪一样，在妈妈的保护下，靠着出生时带着的巨大的卵黄囊生活。十几天过去了，鱼宝宝们腹部下方球形的卵黄囊渐渐缩小，最后消失不见了，这个时候他们就可以吃食物了。

能够吃食物了，鱼宝宝们就长得特别快，现在孩子们都长大了许多，可以外出了，中华鲟妈妈就带着这支浩浩荡荡的队伍出发了，她想让孩子们去见见外面的世界。

开始的时候,奇奇和兄弟姐妹们都有些害怕,他们紧紧地依偎着妈妈,一步都不敢远离,仿佛只要离妈妈稍微远些,就会被躲在阴暗处偷窥的水妖捉去,再也回不到慈祥的妈妈的身边了。

不过渐渐的,在妈妈温柔的鼓励下,鱼宝宝们的胆子都慢慢大了起来,他们快乐地游动在妈妈的周围,一会儿互相追逐游戏,一会儿又聚在一棵没有见过的水草边仔细观察。

和兄弟姐妹们一样,奇奇也是个活泼健康的鱼宝宝,可是这个小不点有点与众不同,这就是他小小的脑袋里总是充满了稀奇古怪的问题,每天都会缠着妈妈,有问不完的为什么。

比如看见一棵叶子特别宽的水草,他就会问妈妈:"妈妈妈妈,这棵水草为什么和其他水草不一样啊?"再比如看见一块特别光滑的鹅卵石,他又会好奇地问:"妈妈妈妈,这块石头为什么特别光滑啊?"

对于奇奇稀奇古怪的问题,妈妈总会耐心地解答。因为奇奇的问题实在是太多了,妈妈就笑着说:"这孩

子聪明好问,就叫他奇奇吧。"就这样,奇奇有了一个自己的名字。

　　这不,奇奇在水底发现了一个扁扁的青灰色身影,这个家伙正侧着身子快速爬行,还张牙舞爪的,看起来特别吓人。奇奇从来没有见过,这让他有些害怕,便紧紧依偎在妈妈身边。

　　可是观察半天,那个扁扁的青灰色的家伙好像也没有什么可怕的地方,只见他偶尔停下,从沙泥里用小钳子捏起一小团沙土朝嘴里面送。

　　"妈妈,他在干什么?"奇奇好奇地问。

　　"他在吃东西,我的宝贝。"妈妈扭头看了一眼,温柔地答道。

吃泥沙吗,这可真奇怪,奇奇有些想不明白,不过很快他又有了新的发现:这个扁扁的家伙竟然只能横着走路,这又是怎么回事呢?

"妈妈,他为什么只能横着走,不能像我们这样直着走路呢?"奇奇又抛出了自己的新问题。

"唔——"这次无所不知的妈妈好像也被难住了,不过她立刻就有了解决的办法,只见她笑眯眯地对奇奇说道:"宝贝,你可以自己去问问他啊。"

有了妈妈的鼓励,原本有些胆怯的奇奇不怎么害怕了,他大着胆子摆动着小尾巴

游了过去,决心自己弄清楚这个疑团。

"你好,我是奇奇,你是谁啊?"奇奇游动的速度比侧着爬行的奇怪东西快,他很快追了上去,友好地问道。

"我是小螃蟹,很高兴认识你。"侧着爬行的是一只小河蟹,他见奇奇很友好,也收起了刚才因为戒备而举起的作为武器的一对钳子,和气地回答道。

原来这种长相奇怪的东西叫螃蟹呀,好学的奇奇牢牢地记在了心里。"你为什么吃泥沙啊,多脏啊?"奇奇提出了自己的第一个疑问。

小螃蟹笑了:"我没有吃泥沙啊,我只是把沙土里的一些微生物过滤出来吃掉,然后把沙土吐出来,这是我们蟹类的一种吃食方式。"小螃蟹解释道。

哦,原来是这样,奇奇明白了。"那你为什么只横着走路啊,不能像我们这样走路?"怕小螃蟹不明白,奇奇还灵活地在水里直来直去游动示范了几下。

小螃蟹好像被难住了,又或者他根本从来就没有想过这个问题,只见他举着小钳子支吾了半天,也没有说出个子丑寅卯来。

"唔……嗯……可能我们天生就是这样的吧,我们的祖先祖祖辈辈也都是这么走路的。"最后小螃蟹只好这么解答。

虽然没有得到明确的答案,但是善良的奇奇也不想过分为难小螃蟹,他告别了新认识的朋友,赶紧去追妈妈和兄弟姐妹们,因为他们已经游出去很远啦。

小螃蟹没有读过书,当然无法对奇奇解释清楚,其实他们之所以横着走,主要是受到身体结构的影响:他们的八只步足分列在身体两侧,而且关节只能向下弯曲,这种身体上的特殊构造决定了他们只能横着走路。

浩渺的长江里永远不缺少新奇的事情,没有走多远,在岸边一条山溪的入江口,奇奇又发现了一件奇怪

的事情：湍急的水流中，一条浑身金色、尾巴带着好看红晕的鱼儿正在使劲朝山溪的水流上游跳，只见他使出全身力量，像离弦的箭一样，奋力跃出水面，即使每次都被激流冲回，但是他也没有放弃。

由于前几天刚下过一场透雨，山溪的水流在入江口特别急，它们从离江面落差足有一米多的一块大岩石上向下倾泻，如同一条微型的水帘瀑布，离得老远就可以听见"轰轰"的水流撞击声。

在一片水雾里，那条显得特别富贵美丽的鱼儿一次次从飞溅的浪花里跃起，努力想跳上大岩石上面的山溪，虽然总是被湍急的水流又冲回了江里，但是他一点儿也不气馁，稍稍休息一下后又重新发起挑战。

咦——他这又是在干什么，是在戏水玩耍吗？奇奇的好奇心又被勾了起来，现在他已经勇敢了许多，再不需要妈妈的鼓励了。

"你好，我是奇奇，请问你在干什么？"奇奇礼貌地问道。

"我在练习跳龙门。"美丽的金色鱼儿也很友好地回答道。

跳龙门？这又是什么新奇的玩意啊，难道是现在最热门的运动吗，奇奇也想试试。

看着奇奇困惑的表情，金色的鱼儿笑了："我是小鲤鱼，跳龙门是我们必须会的一项本领，爸爸说只要我们鲤鱼在每年农历三月三那天跳过龙门，就可以化为一条真龙了，可以腾云驾雾遨游太空呢。"

成为真龙？遨游太空？小鲤鱼的话神奇得让奇奇有些听不懂，想问为什么也不知道该从哪里问起。

毕竟奇奇只是个出生没有多少天的中华鲟鱼宝宝嘛，不知道这些也很正常。看着奇奇目瞪口呆的样儿，小鲤鱼一扭头冲入飞腾的浪花中，继续他跳龙门的练习——离跳龙门的日子越来越近了，他得抓紧时间才行。

看着勤奋练习的小鲤鱼的背影，奇奇不好再打扰，他转身去追前面的妈妈和伙伴们，一路上满脑子都是小鲤鱼说的那些他觉得很神秘的话。

不知不觉中，妈妈领着他们来到一座特别雄伟的高大水坝前，"快看，孩子们，这就是葛洲坝，我们的新家。"中华鲟妈妈介绍道。

新家？爱思考的奇奇又发现了新问题。

"妈妈，那我们的老家在哪里啊？"

"在上游一个叫作金沙江的地方，妈妈就出生在那里，后来人类为了利用水电，修建了葛洲坝，你们就只能出生在这里了。"中华鲟妈妈有些遗憾地说道。

大坝真高啊，奇奇和兄弟姐妹们都有些看傻了眼，

"这是最高的水坝吗?"奇奇的一个兄弟问道。

"不是,前边还有一座三峡大坝,比这里还高。"妈妈解释道。

看着高耸的大坝,奇奇心想,也许只有小鲤鱼跳过龙门后变成一条真龙才能飞过去。奇奇决心有空也要跟着小鲤鱼学学如何跳龙门,因为他想看看雄伟的三峡大坝是什么样子。

"那我们会一直住在这里吗?"奇奇打破砂锅问到底。

"宝贝,当然不会啦,等你们再长大些,妈妈就会带着你们去大海里,那里一望无际,在那里你们会长成健壮的小伙、漂亮的姑娘,然后再回到这里繁育后代,到那个时候你们也会有自己的宝贝的。"妈妈眨着好看的眼睛有些开玩笑地说道。

大海！那又是什么地方？奇奇充满了好奇和向往，眨巴着眼睛使劲想象。

"妈妈妈妈，我们现在就去大海吧。"兄弟姐妹们都围着妈妈，吵吵嚷嚷的。

"不行，孩子们，你们现在还太小，等到明年春天的时候，你们都长大了，才能去大海里。"中华鲟妈妈深情地看着自己的宝贝们，温柔地说道。

从这天起，鱼宝宝们心中都有了一个蔚蓝的梦，他们期待着来年春天的到来，这样妈妈就会带他们去那个叫大海的神奇的地方了。

对大海的期待一直等到第二年的五月才到了揭开谜底的时候，在一个春暖花开的日子，中华鲟妈妈带着她的宝贝们——这个时候他们都已经长成了风度翩翩的少年少女——启程前往美丽的大海。

一路上，不断有别的中华鲟妈妈带着自己的孩子加入迁徙队伍，很快就形成了超级热闹的行进大军。

奇奇对什么都感到很好奇，他东张西望，看见每一样新奇的东西都想游过去看清楚，再触摸感受一下。

"奇奇，快跟上大家，不要掉队了。"妈妈总是回头叮嘱。

"嗯——妈妈，我知道了。"奇奇也总是这样随口回答。

前方的水域越来越宽,也越来越深,已经到达长江的入海口了,第一次看见大海的小中华鲟们都兴奋起来,奇奇也跟着小伙伴们兴冲冲地往前游。

就在同伴们为了第一次看见真正的大海欢呼雀跃的时候,奇奇无意中一低头,看见海底的沙地上有一个超级奇怪的东西——看起来像个倒扣的锅盖,背后拖着一条又细又长的尾巴,而且还在缓慢地移动。

咦——这是什么海洋生物啊,怎么长得这么奇怪啊!早已不知道害怕是什么感觉的奇奇大胆地游了过去,想一探究竟。

"嗨——朋友,我是中华鲟奇奇,请问你是谁?"现在奇奇和陌生人打招呼的方式显得很正规,完全一副小大人的模样。

"我……我是一只鲎,我没有自己的名字。""倒扣的锅盖"见被拦住了去路,只好有些不情愿地停住了脚步,慢腾腾地回答道。

鲎?！这也是奇奇第一次听到。他来回绕着这个新朋友转了好几圈,对这个长相奇特的海洋生物充满了好奇。

"你的家就在大海里吗?你也是地球上最古老的居民吗?"奇奇的问题好像连珠炮。

叫鲎的"锅盖"好像有些不耐烦,可能他是有什么急事要办,只见他挪动着硬壳下几乎看不到的脚爪,慢腾腾地爬走了。

看着渐渐远去的背影,奇奇才想起自己的使命,他回头一看,立刻傻眼了,只见四下空荡荡的,妈妈、兄弟姐妹和其他的小伙伴们都不见了。

本节知识小贴士

金沙江是中华鲟的原始产卵地

金沙江是长江的上游,长江水系从青海玉树县境内开始称为金沙江。金沙江全长2 316千米,水流湍急,在云南丽江市石鼓镇附近突然转向东北,形成著名的虎跳峡,是世界最深的峡谷之一。在葛洲坝修建前,中华鲟的天然产卵场位于长江上游干流和金沙江的下段。

中华鲟名字的来历是什么？

中华鲟是在一亿五千万年前的中生代就生活在地球上的古老物种，和恐龙是同时代的生物，它们是古老的珍稀鱼类，也是世界上现存鱼类中最原始的种类之一，被誉为活化石。

中华鲟有一个很特别的习性：它们是一种大型的溯河洄游性鱼类。这是什么意思呢，就是说它们出生在长江里，成长在大海中，等到发育成熟的时候，再回到长江上游水流湍急、江底布满砾石的江段繁殖。

作为一种珍稀的鱼类，中华鲟在很早的时候就被我们的祖先所喜爱，在三千多年前的周代，史籍中就有关于中华鲟的记载。在先秦典籍《吕氏春秋》中，更是把中华鲟敬为神鱼。在现代，中华鲟被列为我国的一级保护动物，具有非常高的科研和观赏价值。

除了中国人民喜欢外，中华鲟也受到了世界各国人民的喜爱，曾经有一些国家从我国引种，希望在自己国家的江河里培育中华鲟。可是不管离故乡多么远，成年的中华鲟总是千里寻根，洄游到故乡的江河里繁衍后代。在洄游的途中，中华鲟表现出了惊人的识途辨

别方向、耐饥耐劳的能力，因为它们这种无论生于何处，总是不忘故乡的特性，人们还送给它们一个充满感情的昵称——爱国鱼。

二、一个自称海洋旅行家的家伙

奇奇有些慌张地四下寻找妈妈和小伙伴们的身影,可是他游出了很远,也没有看见那些熟悉的身影,奇奇忽然有了一个不太好的预感——他和大家走散了。

"哈——你们快来看,这个小家伙长得好可爱啊!"

"是啊是啊,他的脑袋尖嘴巴扁,下巴上还长着几条小胡子,真是很少见呢!"

……

就在奇奇有些惊慌失措的时候,一群色彩斑斓的海洋鱼围住了他,他们都好奇地打量着他,像在看一个从外星球来的怪物。

"你从哪里来,小家伙?"一条美丽的蝴蝶鱼友好地问道。

"我……我从长江里来。"奇奇小声地回答,看见这么一大群鱼让他有些胆怯,这些色彩艳丽的海洋鱼可是他在长江里从来没有见过的。

"那么你叫什么名字呢?"一条长相滑稽的小丑鱼和气地问道。

"我叫奇奇,我是一条中华鲟。"奇奇现在不怎么害怕了,因为面前的海洋鱼们看起来都很友善。

"奇奇?真是个奇怪的名字。中华鲟?也没听过。那么你一定是从一个叫中华的地方来的啰。"鱼群里一个爱不懂装懂的家伙说道。

"可能是吧。"奇奇对于自己的出生地长江很熟悉,可是对于长江属于哪儿,他有点迷糊,好像听妈妈提到过,长江是一个叫作中国的国家的最长河流。不过现在奇奇对这些并不感兴趣,他还有更关心的,"你们见过我的妈妈和伙伴们吗?"他着急地问道。

奇奇还没有等到有人回答他的问题,"敌人来了!"鱼群里不知道是谁喊了一句,只见刚才还紧紧围绕在他身边的海洋鱼们一哄而散,瞬间就消失得无影无踪,好像他们根本就没有在这个地方出现过似的。

奇奇不知道忽然间发生了什么,他紧张地四处张望,想搞清到底出了什么状况。就在他有些不知所措的时候,只见远处一片很大的阴影悄无声息地飘了过来,那是一条巨型石斑鱼,海洋弱小生物们的天敌。

奇奇没有见过巨型石斑鱼,他不知道对方有多危险,但出于本能,他还是摆动着小尾巴一点点向后退。幸运的是巨型石斑鱼可能刚饱餐了一顿美食,或者他根

本就不饿,总之他对奇奇毫无兴趣,只是翻着白眼斜了奇奇一眼,然后一摆巨大的尾巴,扭着肥大的屁股游走了。

奇奇有些惊魂未定——也许他成年后可以不用害怕,不过现在只要那个大家伙把大嘴一张,就可以把奇奇整个吞下。他下意识地一点点后退,想先找个地方躲起来,等危险完全解除了再去找妈妈和兄弟姐妹们。

奇奇光注意刚才游走的巨型石斑鱼是否还会游回来了,没有留意身后的情况,忽然他的小尾巴好像和什么坚硬的东西猛地撞在了一起,强烈的疼痛让他差点蹦出了水面。

"哎哟——谁啊,是谁呀,走路也不看着,这么宽的路也会撞到人。"身后传来了很不满的抱怨声。

奇奇赶紧回身,只见又是一个从未见过的奇怪生物出现在面前——和刚才遇到的鲎一样,他也有一个锅盖样的背甲,只是更厚更宽,上面还布满了一些美丽的花纹;背甲的四周,长有四只蹼状的脚掌,此外还有一个长在长脖子上的圆溜溜的大脑袋。

眼前的奇怪生物让奇奇觉得和长江里的邻居乌龟有些像,只是大了许多。虽然自己的小尾巴也被撞得很疼,但是他还是充满歉意地道歉道:"对……对不起,

我不是故意的,乌……乌龟先生。"在奇奇的眼里,对方就是一个长大后的乌龟,妈妈不是说了吗,自己长大后会比她还大呢,可能邻居小乌龟也是这样的吧。

没想到奇奇的话让对方很愤怒,只见他伸长了脖子瞪着奇奇怒气冲冲道:

"什……什么,乌龟?!竟然把我和难看的缩头乌龟相提并论,你没长眼睛吗?难道没看出我是海洋里最英俊潇洒玉树临风的美男小海龟吗?"愤怒让对方几乎失去了理智,原本就长的脖子这会伸得更长,看起来有些像可怕的远古蛇颈龙。

"对……对不起,海龟先生,我看见你和我的邻居小乌龟长得有些像,所以就……"奇奇赶紧

不好意思地解释。

奇奇的话还没有说完,就被对方打断了:"还说还说,就算不认识,也应该先问一声嘛,怎么能随便乱认呢。"小海龟还是有些生气,刚才他想着心事闷头向前游,正好被奇奇坚硬的尾鳍撞在了脑门上,现在还火辣辣地疼呢。

"小家伙,你是谁?在这像没头苍蝇似的乱撞干什么呢?"可能觉得自己的态度有些太凶了,小海龟放缓了语气。别看他称呼奇奇是小家伙,实际他也是一个未成年的海龟少年,只不过个头比奇奇大一些罢了。

"我是中华鲟奇奇,我在找妈妈和兄弟姐妹们,我和他们走散了,你看见过他们吗?"奇奇抱着一丝希望问道。

"嗯——名字叫奇奇的一条小中华鲟!不仅名字怪,长得也很奇怪,难怪做事这么毛毛糙糙慌手慌脚的呢。"小海龟上下仔细打量了一下奇奇,他见奇奇满眼期待地等着自己回答,把头一摇道,"没看见——这么大的海洋,走散了想再找到可不那么容易,也许一年半载的都不会找到呢。"

听小海龟说得这么肯定,奇奇有些胆怯地看了看远处黑魆魆深不可测的海洋,他信以为真,忍不住眼

泪汪汪的,眼看着就要哭起来了。要知道,他还是第一次和家人走散呢,何况还是在这么陌生,看起来又很可怕的辽阔海洋中。

见奇奇快要哭了,小海龟也有点慌了手脚,实际他并不是个坏人,也没想着吓唬奇奇,他只是想表现自己见多识广,随口说的而已。

"别……别难过,奇奇,"他赶紧安慰道,"一定可以找到妈妈的,我帮你找。"

听小海龟说愿意帮自己找妈妈,奇奇破涕为笑,"真的?你没有骗我吧?"他开心地看着小海龟,一颗晶莹的泪珠还挂在眼角。

"当……当然是真的,只要我美男小海龟翔龙出马,就没有搞不定的难题。"原来小海龟名字叫翔龙,只见他大包大揽,把自己胸口坚硬的龟甲拍得咚咚响,这个时候他又想起了刚才吹嘘自己的搞笑名号。

"你的名字可真好听。"奇奇想起了他和练习跳龙门的小鲤鱼之间的对话,小鲤鱼也提到了龙,看来龙真是一个惹人喜欢的东西,要不然怎么会有这么多人提到龙,可是自己到现在连龙是什么样子都不知道呢。

"你见过龙吗?你能告诉我龙长什么样子吗?"他好奇地问道。

"我当然见过龙了,龙可威风神气了。龙有着巨蟒一般的身子、漂亮的犄角、浑身发着金光的鳞片,还有四只锋利的爪子,还可以腾云驾雾——如果不是很威风,我怎么会把龙当作我的名字呢。"小海龟翔龙很骄傲地说道。

"那你在什么地方看到龙的,我也想看看。"奇奇对神奇的龙充满了好奇,也想亲眼见识一下真龙的风采。

"我是在一个人工……"说到这儿小海龟翔龙忽然停住不说了,好像是不愿提及这些,只见他转换话头道,"以后再说吧。你和妈妈还有伙伴们到大海里来干什么?"

"我们是来大海里成长的。听妈妈说,我们兄弟姐妹都要在海洋中长到成年,然后再回到长江上游的老家去生儿育女,然后来年春天再带着我们自己的孩子回到大海中。"奇奇解释道。

"哦——原来是这样。"小海龟翔龙恍然大悟,"那离你长大还早着呢,除了找妈妈,这段时间你还打算干些什么呢?总不能让自己无所事事吧,这样的人生实在太无聊了。"这会儿的小海龟翔龙说话有些像一个思想者。

"我……我没有想过。"奇奇有些傻眼,这么高深的

问题他从来没有想过,他现在满脑子想的都是早点找到妈妈和大部队。

"就知道你会这么回答,普通人的思想总是这么庸俗狭隘,像我这样有思想有追求的美男小海龟实在是太少了。"小海龟翔龙站在一块礁石上,手舞足蹈得像个演说家。

"那……那你说我们应该干些什么啊?"不知不觉中奇奇已经把翔龙当成了可以信赖的朋友,本来嘛,他现在人生路不熟的,不依赖翔龙,他这么一个未成年的小中华鲟还能依靠谁呢。

"我有个提议——我们一起去环球旅行探险怎么样?这样顺路还可以去找找你的妈妈和伙伴们,真是一举两得的好事。"小海龟翔龙站在礁石上充满期待地看着奇奇。

环球旅行探险?!这是奇奇第一次听到的新名词,他脑子里稀里糊涂的,不知道什么是环球,什么又是探险,到现在为止,他见过的最大的地方就是长江,到过的最远的地方就是现在位于长江出海口的浅海。

"可……可是我不认识路呀。"奇奇有些结巴地说道。

"我认识路啊,现在站在你面前的就是一个世界上最伟大的旅行探险家——我去过很多地方，见过许多奇怪的东西，还经历过许多稀奇古怪的事情。"翔龙滔滔不绝，好像他真的有过许多奇妙的经历，"何况我们还有这个指路，你根本不用担心我们会迷路。"最后他拿出一件奇怪的东西在奇奇面前挥了挥。

奇怪的东西是被翔龙从脖子后面的龟甲缝里拿出来的，叠得整整齐齐，看起来应该很珍贵，要不然翔龙也不会这么小心地藏在如此隐秘的地方——只要他不过于伸长脖子，奇怪的东西就会被严实地夹藏在他肉乎乎的脖子和龟甲之间的缝隙里，谁都发现不了。

翔龙小心翼翼地把叠放得整整齐齐的奇怪东西打开，奇奇好奇地凑过去仔细观看，原来是一张薄薄的纸片似的东西，上面画着一些奇奇看不懂的奇怪的图案，还标着一些水蛇似的彩色线条。

"这是什么？"奇奇惊讶地问。

"这是地图。准确地说，这是很久以前一个叫郑和的大英雄，坐着龙头船航海环游世界的路线图。"翔龙好像是一个博学的大学问家，他有些得意地向奇奇解释。

现在奇奇有些像初进大观园的刘姥姥，眼花缭乱的，原来这样的东西就叫地图啊。还有那个叫郑和的大英雄又是什么样的呢，这都让第一次看到听到的奇奇十分好奇。还有一件让奇奇感兴趣的东西——龙头

船,这是奇奇又一次听到和龙有关的东西,看来这神秘的龙还真是无所不在啊。

"郑和是谁?他也是生活在大海里的一条鱼吗?"无意中大脑短路的奇奇问了一个很白痴的问题。

显然他的这个提问遭到了翔龙无情的嘲笑,翔龙吭吭哧哧地笑了一会,有些不屑地撇了撇嘴道:"郑和都不知道,真是一个没见过世面的土老帽儿。告诉你吧,郑和可是人类的一个大英雄哦,他曾经七次坐船出海环游世界,到过地球上的许多地方呢。"

对于翔龙的嘲笑奇奇并不在意，本来就是自己懂得少，以后可得跟着翔龙多学些知识，现在小海龟翔龙在他的眼里，就是这个地球上最博学的大学问家。

"那地图你是怎么得到的呀？"奇奇本来就是一个好奇心重的孩子，现在他爱问为什么的欲望完全被勾起来了。

翔龙详细地讲述了得到郑和下西洋路线图的经过，这是一个充满了意外的故事。原来前几天他在入海口附近无事乱逛，看见一艘帆船在水面上航行，闲着无聊的他就跟了过去，想找点乐子。这是一个海洋漂流冒险爱好者驾驶的帆船，此刻他正一手拿着郑和下西洋的路线图，站在帆船的船头，在强烈的海风吹拂下，把自己想象成几百年前带领庞大船队在汪洋中搏击风浪的威风凛凛的三宝太监。

想到得意处，他不由把双手高举过顶，准备抒发一下激动的心情。就在这时，一阵强劲的海风吹来，他手中的地图一下被吹走了。地图被海风裹挟着飘出很远才落在水面上，驾船人看起来很着急，正想跳入海中把地图捞上来，可巧这时忽然游过来一条大石斑鱼，这个贪吃的家伙以为是美味，大嘴一张就把地图吞进肚子里去了，然后大尾巴一摆在海面上卷起一团浪花，

在幽蓝的海水中消失得无影无踪。驾船人很无奈,只能驾驶着帆船离开了,心里盘算着到下一个港口再上岸重新买一张地图。

这一切都被在附近的翔龙看在眼里,本来他想自己游过去把地图捞起来的,可惜被贪嘴的大石斑鱼抢了先。可是他的运气实在不错,就在他转身准备离开的时候,一片花花绿绿的东西从水底晃晃悠悠地浮了上来,而且就在离翔龙不远的地方。

翔龙赶紧游了过去,这次他可不能让那条贪嘴的巨型石斑鱼又抢了先。等他游到面前一看,正是刚才被石斑鱼吞进肚子的那张地图。原来大石斑鱼一口吞了地图后,干巴巴的地图很难下咽,一直堵在嗓子眼,

海上丝绸之路大冒险

感到很不舒服的他只好猛地一阵咳嗽,把地图又吐了出来。

这张地图是一张防水地图,是用一种特殊的高分子材料做的,可以耐腐蚀不惧水泡。翔龙展开一看,可把他高兴坏了,这是一副很完整的海洋地图,上面用不同的色彩标明了大英雄郑和历次下西洋的路线。

听翔龙讲完整个经过,奇奇惊奇地张大了嘴巴,现在他对翔龙已经不仅仅是佩服,而是崇拜了。"你连人类的地图都看得懂啊?"奇奇满眼敬佩地看着翔龙。"嘿嘿,这算什么啊,我连人类的文字都认识好多呢。"翔龙的回答让奇奇更加吃惊。

本节知识小贴士

长江入海口在哪?

长江入海口构型独特,平面上呈喇叭形,窄口端江面宽度5.8公里,宽口端江面宽度90公里。在入海口,有中国最大的河口冲积岛——崇明岛,把长江水一分为二,在上海和江苏南通市之间注入大海。

你知道郑和下西洋的历史吗？

郑和是世界历史上伟大的航海家，从1405年开始，他曾经七次率领庞大的船队扬帆远航下西洋。郑和的航海活动是世界航海史上时间最早、规模最大、人数最多的伟大壮举，在中华文明的传播、加强世界各国人民的交往等方面都具有深远的影响和意义。

郑和原本并不姓郑，而是姓马，名字叫马和，小名叫三宝。他出生在明朝洪武四年（1371年）云南一个回族马姓人家，是这家的第二个儿子。后来，因为一次偶然的原因，十岁的马和进入当时燕王朱棣的府邸成为一名奴仆。在燕王朱棣成为明成祖后，立有战功的马和被皇帝赐以郑姓，从此在历史上就被称为郑和了。

郑和聪明睿智有谋略，明成祖对他十分信任，从1405年开始，34岁的郑和受皇帝的委托，率领一支当时世界上航海技术和装备最先进的庞大舰队从江苏太仓的刘家港出发，开始了史诗般的七次下西洋的伟大航程。直到1433年，62岁的郑和在归国途中在印度的

古里附近病逝,埋葬于南京牛首山的南麓,这段伟大的历史才告一段落。

根据《明史·郑和传》记载,七次下西洋郑和从刘家港出发,穿越马六甲海峡,横渡印度洋,一共到过三十多个国家和地区,包括占城(现在的越南中南部)、爪哇、暹罗(现在的泰国)、苏门答腊等地,最远到达非洲东海岸的不剌哇(今天的索马里境内)。在28年间,郑和的船队与所到国家的人民进行公平友好的贸易,用中国特产的手工业品交换各国的土特产品,中国出口的丝绸和瓷器等早就在亚非各国享有盛誉。

最后,还需要说明一下的是,郑和是一名太监,因为他小名叫三宝,历史上也称他为"三宝太监"。

三、危险的捕食者

"你真是太厉害了,你是怎么学会人类的文字的呢?"现在翔龙在奇奇的眼里就是一个前知五百年后知五百年的神仙,快赶上"龙"在他心里的地位了。

可是翔龙支支吾吾的,好像有些不愿提及这件事,他再一次有意无意地岔开话头道:"哎呀,说了半天,你的妈妈和伙伴们可能都游出去很远了,我们快按地图的指示追赶吧,也许他们也是按照这条路线走的呢。"

翔龙的话提醒了奇奇,他一想可不是吗,刚才都是因为翔龙的故事实在是太精彩了,自己差点把最重要的事情忘记了。

"那我们赶紧出发吧。"奇奇说道。他对翔龙愿意帮助自己找妈妈充满了感激,现在有翔龙的陪伴,他已经不像刚开始和妈妈走散时那么慌张了。

那么翔龙为什么在奇奇一提到和他经历有关的一些事情的时候就支支吾吾的,他说的这些话都是真的吗?要知道浩瀚的海洋里可是危机四伏的,单纯善良的奇奇很容易上当受骗,置自己于危险之中。

海上丝绸之路大冒险

实际上翔龙说的关于地图的事情是真的,他认识一些人类的文字也不假,不过关于他是一个出色的旅行探险家,以及去过许多地方的经历都是假的。真实的情况是,他根本就从来没有出过远门,去的最远的地方也不过是长江入海口的附近。他还有个秘密没好意思和奇奇说,那就是他实际是人工孵化的,在海边的一个海龟繁育基地长大,这个基地是为了保护数量日益减少的海龟而建立的。

在翔龙长成少年后,他和许多小伙伴就被放生了。小伙伴们先后游走了,只有胆小的他还一直徘徊在放生地附近的海域,因为胆小,平时同伴们都笑话他是一个胆小鬼。不过翔龙的智商特别高,按照人类的说法——他是一个不折不扣的天才龟,可以过目不忘。因为长得很可爱,性格也特别温顺,所以饲养他的饲养员特别喜欢他,经常把他带到自己住的宿舍,没事的时候他也可以在繁育基地四处溜达。

在饲养员房间的墙壁上,挂着一张特别大的地图,这是一幅世界海洋地图。空闲的时候,饲养员喜欢把体重还轻的翔龙抱到桌面上,然后指着地图告诉他这里是什么海那里是什么洋,以后他长大了回到海洋里会去哪些地方。就这样,聪明的翔龙不仅可以看懂一些海洋地图,还认识了一些汉字,虽然只是半吊子水平。

　　在地图的下方，还摆着一艘龙头帆船的模型。根据饲养员的讲述，这是几百年前明代的大英雄郑和下西洋坐过的主船的等比例模型。看饲养员讲述时的表情，似乎特别崇拜这个叫郑和的人，可惜他自己没有这样的机会，让他觉得特别遗憾。就这样，对饲养员特别有感情的翔龙也牢牢地把这些记在了心里，希望有一天自己也可以成为郑和那样的英雄，完成他最喜欢的饲养员的心愿。

　　意外得到地图之后，翔龙心里一直在想着这件事，可是他一个人又没有勇气去完成这个壮举，这让他有些心神不宁。就这样，他和因为害怕躲避的奇奇撞到了一起。

　　在了解了奇奇的经历后，翔龙的心里忽然冒出了一个念头：为什么不和奇奇结伴一起沿着大英雄郑和下西洋的路线去环球旅行呢？反正奇奇离长大回到长江的繁殖地还早着呢，这样不仅自己路上有了伴，还可以顺路帮着奇奇找找失散的妈妈和兄弟姐妹呢。

　　这些奇奇当然都不知道，不过他可以放心的是，翔龙绝对是一只善良的小海龟，也是一个可以信赖的朋友。

　　在奇奇焦急找妈妈的时候，妈妈也发现奇奇不见了，可是她还有很多孩子要照顾，不能回去寻找奇奇。

她故意放慢了前进的速度,希望奇奇可以赶上来——奇奇是个特别聪明的孩子,她相信他。

遗憾的是,妈妈带着兄弟姐妹们去的是大陆架的海洋地区,那里食物丰富,是小中华鲟茁壮成长的理想场所,而奇奇和翔龙则按照地图的指示,一直向南游去。

虽然翔龙把自己吹嘘得很厉害,可是假的就是假的,时间一久难免会露馅。本来他想把真实的情况告诉奇奇,可是又怕会失去这个刚认识的朋友(要知道在养殖场的时候,同伴们都笑话他是个胆小鬼,根本没有什么朋友,只有饲养员喜欢他),所以现在有点骑虎难下的他只好用一个谎话掩盖另一个谎话,闹笑话也就是迟早的事啦。

一个假的环球探险旅行家,一个第一次出远门的中华鲟少年,这样一个怎么看都感觉不怎么靠谱的环球旅行组合就这么上路了,前面的路上都不知道会发生什么呢,真让人担心。

根据史书的记载,郑和下西洋的时候,率领的船队有两百多艘,船上的水手官兵有近三万人。他们从江苏太仓的刘家港出发,在福建长乐的太平港停泊,以等候东北季风的到来。等到冬季,东北季风如约而至,强劲的东北方吹着悬挂巨帆的"宝船"(当时人们对郑

和船队中海船的总称）正式扬帆远航，经过中国东南部的各沿海城市，一路向着南海驶去。

当然奇奇和翔龙组成的环球旅行小队没有那么大的阵势和威风啦，他们也不需要等到冬天北风的帮助，说走就走，一路结伴而行，沿着海岸向着台湾海峡的方向游去。

虽然两个小伙伴都是第一次出远门，不过他俩天生都是辨别方向的专家，这样的本领已经深深植根于他们的血液和基因之中，所以出发还算比较顺利，到现在还没有遇到什么让假航海旅行家翔龙露馅的突发状况。

就在他俩开开心心朝前游动的时候，前方不远的海面下忽然闪过一片阴影，一闪而逝，快得让人还以为自己眼花了。

"你看见什么了吗？"奇奇有些紧张地扭头问身边的翔龙。

"没……没看见什么。"翔龙不知怎么的，忽然说话有些结巴。虽然他嘴上说没有看见，实际他也看见了刚才那条快如闪电的身影，只是因为不想让奇奇知道他现在心里很紧张，而强装镇定罢了。

"奇怪，我刚才明明看见了一条黑影在前面一闪而过，怎么忽然就不见了呢，难道是我的幻……"奇奇最

后的一个"觉"字还没有说出口,忽然前方的水域又闪过一片阴影,这次数量更多,是好几条黑影。"啊——难……难道是可怕的鲨……鲨鱼?"翔龙忽然说话更结巴了。

"鲨鱼是什么?很可怕吗?"奇奇一直在长江里长大,从来没有听说过鲨鱼的坏名声,他好奇地问道。

"鲨鱼是海洋里的恶魔,他们只要抓住你,就会把你毫不留情地吃掉,连一块骨头渣都不会留下。"翔龙把鲨鱼说得很可怕,奇奇吓得一缩脖子。实际上翔龙也没有见过鲨鱼是什么样子,只是在放生的时候听饲养员摸着他的脑袋有些担心地说过,嘱咐他在

海里看见鲨鱼就赶紧躲开,要不然会被吃掉的。到现在翔龙还记得饲养员说起鲨鱼时一脸担心的表情呢。

"那……那我们赶紧找个地方躲起来吧。"奇奇有些害怕,建议道。

"好的,我们先找个地方躲会儿,等黑影不见了再赶路。"翔龙同意。

他们正要转身找个躲藏的地方,身后一个冷冰冰的声音忽然响起:"嘿——两个小家伙,你们在干什么?"

骤然响起的声音把奇奇和翔龙吓了一大跳,他俩赶紧回头,只见一个身体流线形长着短鼻子的"大鱼"正龇牙咧嘴地看着他们,满口的牙齿发出瘆人的森森白光。

"啊——鲨鱼！奇奇，快跑啊。"翔龙一看见那近在咫尺满口白森森的牙齿，就惊恐地叫了起来，然后转身拼命划动四只蹼足想逃走。

翔龙的叫声把对面的"大鱼"听得一愣，他满不在乎地朝四周看了一圈道："鲨鱼？鲨鱼在哪？小海龟，你说的鲨鱼在哪？"

奇奇被翔龙的惊叫声吓得也想转身逃走，可是他眼角的余光忽然觉得对方很眼熟，很像自己在长江里的好邻居江豚。

"我是中华鲟奇奇，请问你和阿木是亲戚吗？"奇奇觉得对方不像是翔龙说的可怕的鲨鱼，好奇心促使他没有逃走。

"阿木是谁？小家伙。""大鱼"干巴巴地回道。

"阿木是我在老家长江里的邻居，他是一条江豚，因为他总喜欢在江面上追着漂浮的木头顶着玩，所以大家都叫他阿木——你长得和他可真像。"奇奇用充满好奇的眼光盯着对方看，越看越觉得他们应该是一家子。

"哦——你说江豚啊，""大鱼"好像恍然大悟，"虽然阿木我不认识，不过我们海豚和江豚确实是亲戚——我们偶尔还会在入海口遇到，互相打个招呼呢。"原来他是一只海豚，刚才在和同伴们玩他们最喜

欢的追逐游戏。

这时,海豚的同伴们在远处用嘹亮的叫声招呼他,让他快点过去,海豚一个漂亮的转身,像箭一般刺破海水向同伴们游去。

看着海豚迅疾远去的背影,奇奇忽然想起自己忘了一件很重要的事:他还没跟对方打听是否看见妈妈和兄弟姐妹了呢,他们整天在海洋里四处游玩,恰好遇到也说不定。

见奇奇竟然和可怕的"鲨鱼"在说话,翔龙担心坏了,他等到海豚游走了才敢过来,还埋怨道:"奇奇,这太危险了,你会被吃掉的。"

"他不是可怕的鲨鱼,他是一只海豚,和我的好朋友江豚阿木还是亲戚呢。"见翔龙眼里满是关切的目光,奇奇很感动,他解释道。

见是自己搞错了,翔龙有些心虚,他怕奇奇追问自己是否真的认识鲨鱼,赶紧打着哈哈道:"是吗?看来是我看错了,这段时间可能旅行太累了,眼睛看东西有些模糊,嘿嘿,真是不好意思啊。"

单纯的奇奇并没有多想,好在只是虚惊一场,两个小伙伴继续前行。

还没有走出多远,前方的水面忽然又闪过一大片阴影,这次翔龙不再紧张,他满不在乎地游了过去,一

边说道:"哈——多半又是刚才那群贪玩的海豚们,他们肯定是想和我们开个玩笑,躲在这里等着吓唬我们呢。"奇奇觉得翔龙的举动有些冒失,虽然他也没看清前方闪过的阴影是什么,可是不知怎么的,他忽然觉得有些莫名的心慌,这和刚才遇到海豚的感觉完全不一样。

"翔龙,快回来。"奇奇在翔龙的身后一边追赶一边叫喊,想把他叫回来。

游在前边的翔龙并没有察觉到奇奇喊声里的不安,他竟然朝刚才黑影闪过的方向追了过去,一边使劲

儿游还一边回头催促奇奇道:"奇奇,你快点啊,我们来和他们比赛一下,看到底是谁游得快。"

奇奇还没有来得及回答,翔龙的左前方忽然出现了一双死鱼般的阴森森的眼睛,只见他面无表情地盯着翔龙问道:"喂——小海龟,你是在追我吗?"

翔龙不认识对方,和刚才见过的海豚完全不一样,只见他身躯庞大,脑袋呈尖尖的三角形,总是不闭合的大嘴里满是锋利的牙齿,说话的时候也不停下,来回在水中绕着圈子。最可怕的是他的那对眼睛——看着你的时候也是一动不动的,

好像根本就不会转动,比死鱼的眼睛还呆滞,比冬天的冰块还阴冷。

"你……你也是在和刚才的那些海豚们玩追逐游戏吗?"翔龙忽然间也觉得有些不对劲,可是他不想让奇奇知道自己根本谁都不认识,不得不硬着头皮和对方说话。

"哼哼哼……""死鱼眼"一阵面无表情地冷笑,"皮滑肉嫩的小海龟,你说的没错,我确实喜欢玩追逐游戏——和我的猎物们玩超级刺激的死亡追逐游戏。"

什么是大陆架?

大陆架是大陆向海洋的自然延伸,通常被认为是陆地的一部分。在国际法中,大陆架是一国陆地领土在海水下的自然延伸,是沿海国对大陆架享有主权权利的理论根据。大陆架的浅海区是海洋植物和动物生长发育的良好场所,全世界的海洋渔场大部分分布在大陆架海区。

如果鲨鱼停止游动结果会怎样?

我们知道,对于多数的鱼儿来说,如果停止在水里游动,或者在水底静止不动,对于它们来说,并不会有什么实质性的影响,但对于一些品种的鲨鱼来说,结果可能是致命的。

这是怎么回事呢?这得从这些鲨鱼的身体功能构造方面来解释。

最早的时候,鲨鱼是不需要靠着一直游动来呼吸的,那个时候现代鲨鱼的祖先可以用嘴和腮来吸水和排水进行呼吸,这种呼吸方式叫口腔抽吸。现在的一些鲨鱼将祖先的这一本领一直保持到了现在,比如护士鲨、天使鲨等种类,因此它们可以长时间地躺卧在海底。

然而随着进化,作为超级捕食者的一些种类,鲨鱼发明了一种特别的呼吸方式:张着嘴巴让海水自动随着高速游动撞进腮部,于是一种特别的科学上叫作"强制撞击呼吸"的方式产生了,这些鲨鱼也被叫作强制撞击呼吸鲨或者强制撞击换气鲨。目前在已发现的

近400种鲨鱼中，多数都采用这样的呼吸方式，包括我们所熟知的大白鲨、鲸鲨、牛鲨等，如果停止游动过程中的不断撞击海水运动，它们就真的会被淹死的。

最后还需要提一下的是，鲨鱼是没有鱼鳔的，如果它们停止游动就会像一块石头似的自动沉入海底，这也是采用强制撞击呼吸方式的鲨鱼必须时刻保持游动的另外一个原因。

四、美丽的南海我们来了

"你到底是谁？"翔龙也嗅到了弥散在周围海水中强烈的危险气息。

"哼哼哼……""死鱼眼"又是一阵面无表情的冷笑，"大爷我行不改名坐不改姓，我就是海洋中的霸主——令人闻风丧胆的牛鲨大爷是也。"

听到眼前这个表情呆滞的家伙就是传说中的可怕的鲨鱼，翔龙只觉得自己的脑子"轰"地一下，现在他可真是有些后悔自己不应该不懂装懂了。饲养员叔叔放生的时候可是千叮咛万嘱咐，要自己当心鲨鱼的，这下好了，自己主动给鲨鱼送上门了，连鲨鱼眼皮上几个皱纹都看得清清楚楚的了。

在牛鲨阴冷残忍目光的凝视下，翔龙只觉得心里一阵阵发慌，如果他知道面前的牛鲨在鲨鱼中是那种狠角色的话，他只怕要当场晕菜了。

和我们人类分不同人种一样，鲨鱼的品种也很多，除了大家都熟悉的大白鲨之外，还有一些甚至比大白鲨还要凶残的鲨鱼品种，牛鲨就是他们的杰出代表。牛鲨因为身体壮硕如牛而得名，学名叫白真鲨，别名也叫公牛鲨。这些家伙生性凶残，攻击性特别强，他们吃东西从来不挑嘴，几乎碰到什么吃什么。他们主要以包括其他品种鲨鱼在内的各种鱼类为食，也吃海龟、海鸟等，甚至大名鼎鼎以凶残闻名的大白鲨都在他们的食谱上。

牛鲨还具有一项特殊的本领——可以在淡水和海水两种环境中生存，这也是其他种类的鲨鱼不具备的本领。靠此本领，牛鲨经常在河流入海口流连，或者干脆溯河而上，到河流中捕食鳄鱼等在河岸边生活的动物。即使是长有巨口獠牙的河马，这些狂妄的家伙也不放在眼里，通常会发动偷袭，扑上去疯狂撕咬。

既然牛鲨如此臭名昭著，那么翔龙还能幸运地从鲨口逃生吗？这是个很严峻的问题，起码翔龙现在这么想。

奇奇也看到了危险，他加速向前冲，想给好朋友一点帮助。虽然之前他从来没有见过鲨鱼，不过现在他知道这些家伙都是一些冷酷无情的杀手，一伙吃人不吐骨头的恶魔。

这时牛鲨已经失去了耐心，只见他猛地一摆尾巴在身后卷起一股强力的漩涡，借着漩涡产生的强大推力，这个海中魔鬼猛地张开血盆大口，然后像箭一般冲向翔龙——这个家伙发动了致命的闪电一击。

翔龙吓得魂飞魄散。他们海龟本来动作就不如鲨鱼们迅疾，面对着对手发动得快如闪电的攻击，翔龙本能地拼命划动四只蹼足，想转身逃走，可是已经晚了，只见他左边的后蹼足已经进入了牛鲨巨口的攻击范围，只要对手"吧嗒"一声把血盆大嘴闭上，翔龙就要变成残废了。

在这千钧一发的时候，奇奇勇敢地冲了过来，"不许伤害我的朋友"，他大声喊道。可是牛鲨怎么会听他的啊，只见他张着血盆大口就要狠狠咬下，眼看着翔龙的一只脚就要变成牛鲨的一顿美食了。

危急时刻，奇奇来不及多想，他一低头，快速抽动尾巴，然后猛地向牛鲨侧面的肚子撞去——他是想撞开凶残的牛鲨，让翔龙逃脱这致命的一咬。虽然双方的体型差距很大，但是奇奇的脑袋非常硬，他们头顶的骨片外露，如果被他们用脑袋撞到还是非常疼的。

一心想吃海龟大餐的牛鲨猝不及防，虽然身形弱小的奇奇被他壮实的身体弹开了，可是强烈的撞击还是疼得他龇牙咧嘴的。剧烈的疼痛让他顾不上再咬近在咫尺的翔龙，而是一边扭动身躯减缓疼痛感一边恼怒地狂吼道："是可恶的海豚们又来坏我的好事了吗？"

明明是自己撞了牛鲨，奇奇不明白他怎么会想到海豚，奇奇也不退却，大声说道："是我撞你的，我是

海上丝绸之路大冒险

中华鲟奇奇,你要是还敢欺负我的好朋友翔龙,我一定把你撞个跟头。"这会儿奇奇也不知道从哪里来的勇气,他浑身都充满了力量,一点儿都不畏惧面前的这个海中恶魔。

趁着这个机会,翔龙逃脱了敌人的致命追杀,他快速游到了奇奇身边,一个劲儿喘着粗气,心像打鼓一样咚咚咚地跳成一团。

这时牛鲨才扭头看到了刚才撞自己的奇奇,他瞪着死鱼眼上下左右仔细打量了奇奇一番,忽然一咧血盆大口乐了:"嘿嘿嘿,今天鲨大爷我的运气不错,又来了一个更皮细肉嫩的美味,大爷我还从来没有尝过中华鲟肉的滋味呢,

今天正好尝尝鲜,开开洋荤。"说着,他满脸诡异地狞笑着向奇奇冲了过来。

"奇奇,快跑。"现在翔龙可再也不想和对方玩什么追逐游戏了,他招呼了奇奇一声,掉头就跑,现在他可真想把自己的蹼足变成翅膀,飞到天上去,远远地离开身后的这个恶魔。奇奇反应也很快,他见牛鲨凶猛地扑过来了,也紧随在翔龙的身后,双方一前一后,在辽阔的海洋中展开了一场死亡追逐。

虽然奇奇和翔龙拼尽了全力,可是牛鲨的速度还是比他们快,跑了一段距离后,翔龙回头一看,牛鲨木讷的死鱼眼几乎就在他俩身后一两米的地方,翔龙大惊,扭头和奇奇没命地游动起来。

好在天无绝人之路,就在两个小伙伴快要绝望的时候,前方不远处忽然出现了

一大片沙丁鱼群，他们紧紧聚在一起，如同一大片乌云一般在海水中无目的地四处游荡。

"快——快钻进沙丁鱼群里。"翔龙像看见了救命稻草，生存经验比奇奇多少丰富一些的他立刻想到了一个躲避牛鲨追击的好办法，只见他加快速度，一头扎进了长得看不到头的沙丁鱼群里。奇奇虽然不明白翔龙的意思，不过他从来都是一个听话的好孩子，只见他紧随其后也钻了进去，眨眼之间他俩的身影就被大片密实的沙丁鱼群遮掩了。

狂追不舍的牛鲨见就快要到嘴的两个小鲜肉忽然不见了，他抬头看了一眼前面的大片沙丁鱼群，立刻明白了，只见他一阵狞笑道："哼哼，两个可爱的小宝贝，你们以为躲进鱼群里我就找不到你们了吗？简直是痴心妄想，今天就让你们看看我牛鲨大爷的手段。"说着，他猛地冲向沙丁鱼群。虽然个头很小的沙丁鱼并不是鲨鱼的主食，但是这些贪得无厌的家伙只要逮到机会，再小的一块肉他们也会毫不客气地吞下，所以沙丁鱼们对于鲨鱼还是很畏惧，见牛鲨一头扑了过来，都吓得到处乱窜。

翔龙和奇奇躲在沙丁鱼群中，以为这下终于安全了，可以躲开牛鲨的追杀了，可是他们怦怦跳的心脏还没有平复，忽然见周围的沙丁鱼们一阵大乱——牛

鲨冲进来了。

原本密密麻麻井然有序的沙丁鱼在牛鲨疯狂的冲击下,很快就乱了阵型,只见他们东一堆西一群,都想离牛鲨的血盆大口远一些,零落的鱼群让奇奇和翔龙再也躲不住了。

"嘿嘿,两个小家伙,这下看你们还能往哪躲。"牛鲨得意地对暴露在零落沙丁鱼群之外的奇奇和翔龙冷笑。

"奇奇,我游不动了,你快逃走吧。"翔龙有些绝望地说道,经过刚才拼尽全力的逃跑,受到惊吓的他现在觉得四肢都软绵绵的,想跑也跑不了了。

"不,我不会丢下你的,要走我们一起走。"幼小的奇奇非常有义气。

"嘿嘿,两个小家伙,你们就不用为这个事烦心了——因为你们谁都别想从牛鲨大爷我的手里逃脱。"牛鲨步步逼近。

"海豚哥哥——海豚哥哥——快来救救我们——海豚哥哥——"奇奇忽然大声叫了起来,原来他灵机一动,想起自己刚才撞击牛鲨肚子的时候,对方的反应很奇怪,似乎有些害怕海豚,所以机灵的他死马当作活马医,想试试运气。

"海豚!海豚在哪?"牛鲨似乎有些心虚,他有些紧张地四下张望，见一切风平浪静，这个家伙又猖狂起来，"嘿嘿，小家伙，你就使劲叫吧，叫破嗓子也改变不了成为我一顿美餐的命运。"

"海豚哥哥——海豚哥哥——"奇奇不理会敌人的冷嘲热讽，依然大声地叫着。翔龙虽然不明白奇奇的想法，不过想奇奇既然这么做肯定有他的道理，于是也跟着一起大喊。

他俩的运气真是不错，就在牛鲨又张开血盆大口准备再次发动攻击的时候，不远处忽然传来一阵清晰的说话声："鲨鱼又在干坏事了，伙伴们，让我们上去教训教训他。"话音刚落，就见几道黑色的身影从幽蓝的海水之中如闪电般射了过来。

"哎哟"

"妈呀"

……

几道黑影闪过，奇奇和翔龙都只觉得眼前一花，还没有看清到底发生了什么，就见牛鲨惨叫着接连翻了好几个跟头，白花花的肚皮都露了出来。奇奇和翔龙不敢相信地揉了揉眼睛细看，只见几只海豚正快速有序地轮番用有力的鼻子撞击牛鲨的侧腹部，领头的正是刚才和奇奇说话的那只海豚。

刚才还气焰嚣张的牛鲨看见海豚群，再也威风不起

来了，只见他被海豚们撞击得一个跟头接着一个跟头，唯一的想法就是赶紧逃走。最终牛鲨找到了一个机会，屁滚尿流地逃出了包围圈，玩得正在兴头上的海豚们可不想轻易放过这个有趣的玩具，他们跟在后面紧追不舍，一眨眼的工夫都消失得无影无踪。

俗话说一物降一物，卤水点豆腐，别看牛鲨平时似乎很牛气，连大白鲨都不怕，可是他们偏偏就怕成群结队活动的海豚群。海豚可以说是海洋里最聪明的哺乳动物，他们会联合起来，有组织地围攻鲨鱼，用自己

有力的鼻子,轮番撞击鲨鱼最柔软的体侧腹部。虽然鲨鱼皮很厚实,但他们的骨骼是软的,防护内脏的功能很差,聪明的海豚正是抓住了对手的这个弱点,全力攻击,直到把鲨鱼的内脏撞坏为止。一般来说,通常鲨鱼都会在海豚们的围攻中丧命,像今天牛鲨能够侥幸逃跑,已经算是烧高香啦。现在大家也都明白了吧,为什么奇奇刚才焦急之中误打误撞用头撞了牛鲨的肚子,牛鲨会首先想到海豚的原因了。

沙丁鱼群不知什么时候也消失不见了,四下一片安静,奇奇和翔龙互相对望了一眼,都以为刚才是做了一场可怕的梦,可是从水面上投射下来的刺眼阳光又提醒他俩,刚才的一切都是真实的,不是一场虚幻的梦境。

"奇奇,谢谢你救了我。"翔龙真诚地向好朋友道谢,这么危险的时刻奇奇都没有一个人逃走,这让翔龙非常感动。

"哈哈,说什么呢,我们是好朋友嘛,我怎么能遇到危险就丢下你一个人逃跑呢。"面对翔龙的感谢奇奇有些不好意思。

"对,我们是好朋友,互相帮助永不放弃对方的好朋友。"翔龙大声说道,两个小伙伴相视一笑,一切尽在不言中。

可能是刚才受到牛鲨袭击的遭遇太过惊悚，奇奇也没追问翔龙为什么不认识鲨鱼的事，这让翔龙心里暗暗松了一口气，要不然他还真是不知道怎么和好朋友解释呢。

接下来两个小伙伴顺利地来到台湾海峡。在台湾海峡，他们稍作停留，按照郑和航线图的指示，拜访了宝岛台湾美丽的鸡笼港（大家先不要笑，这可不是写错了，根据史料的记载，明朝的时候，现在的基隆港就是称为鸡笼港的，一直到清朝的光绪年间因为设立基隆厅的原因才把鸡笼改为基隆，取其基地昌隆之意）。基隆港风景可真美，两个好朋友对这趟旅行很满意。

通过台湾海峡之后，两个小伙伴继续南行，这一天他们来到了南海水域。虽然一路上都没有发现妈妈和兄弟姐妹们的身影让奇奇有些失望，但是美丽旖旎的南海风景还是立刻吸引了他。

"哈——这里的景色可真美啊，翔龙，这是什么地方啊？"奇奇扭头问游在身边的翔龙。

"这里是南海，穿过南海我们就要离开自己的祖国了。"翔龙早就看过藏在自己脖子后面的航线图，他随口答道，两只眼睛也被身边美丽的景色吸引，有些目不暇接。

"南海！好美的名字，哈——美丽的南海——我们

来啦——"奇奇兴奋地朝着碧海蓝天喊道。

"美丽的南海——我们来啦——"翔龙也跟着一起兴奋地大喊。

美丽的基隆港

基隆港位于我国台湾岛北端,是台湾北部海上门户,重要的海洋渔业基地。基隆港于清光绪十二年(公元1886年)建港,是台湾北部重要的天然良港。基隆港在20世纪60年代前一直是台湾最大的港口,现在仍是仅次于高雄港的台湾第二大港。

美丽的南海你了解多少?

南海,全称为中国南海,是位于祖国最南部的陆缘海,面积约为356万平方公里。其中中国主权管辖范围内的面积为210万平方公里左右，具体包括东沙群岛、西沙群岛、中沙群岛、曾母暗沙、南沙群岛和黄岩岛等岛屿，自古以来就是中国神圣不可侵犯的固有"蓝色领土"。（在郑和下西洋所用的《郑和航海图》中，就已明确标明南沙群岛（当时称万生石塘屿）、西沙群岛（石塘）、中沙群岛（石星石塘）等岛屿了。）

南海平均深度为1 212米，最深处超过5 567米。

南海物产丰富，鱼类除了我们常见的大黄鱼、小黄鱼、带鱼、墨鱼、红鱼、海参、梭子鱼等海洋水产外，还有海龟、鹦鹉螺、库氏砗磲、珊瑚等珍贵海洋生物。

动物主要是各种鸟类，分布在各个岛屿上的鸟类总计约60多种，比较常见的有白鲣鸟、军舰鸟、海鸥等。最受渔民们喜爱的是白鲣鸟。白鲣鸟体型像鸭子，周身洁白，两翼修长，极善于飞行。它们早出晚归，在海上觅食，非常具有规律，有经验的渔民都会根据它们的飞行方向确定航线和岛屿位置，所以当地人也亲切地称呼它们为"导航鸟"。

南海海底的矿产资源也很丰富，除了石油和天然气资源外，还包括各种金属矿产资源。

说到美丽的南海还必须提一下南海上镶嵌的最大一颗明珠——海南岛。海南岛是仅次于宝岛台湾的我

国第二大海岛,人口有900多万,从1988年建省成立经济特区以来,已经成为世界闻名的旅游风景区。

五、神秘的蓝洞

南海的景色实在是太美了,美得简直让人窒息、心醉。

只见身边的海水透亮清澈得如同没有一丝杂质的水晶,一眼望去,整个海底世界都是晶莹剔透的,沙地、珊瑚、礁石……即使是最普通常见的物体在这梦幻一般的"水晶世界"里,也顿时散发出耀眼夺目的别样光彩。再抬头看看天空,天空湛蓝如洗,朵朵白云在悠闲地散步,似乎人类世界的喧嚣和匆忙都与它们无关,它们从远古这样走来,未来的时光也会这样过下去,亘古不变。

走在前头的翔龙忽然发现了一大片珊瑚礁石,礁石群连绵生长,层层叠叠,覆盖了海底很大一片水域。珊瑚礁石姿态千奇百怪,有像树枝的,有像张开叶片的大白菜的,有像一根棍子的,有像盛开的花朵的……颜色也绚烂多彩,有富贵艳丽的红珊瑚,有温馨浪漫的粉珊瑚,有沉默稳重的黑珊瑚,还有神秘梦幻的蓝珊瑚……简直就是一个美不胜收的珊瑚礁石花园。

淘气的翔龙忽然冒出了一个主意，只见他一边快速游向大片的珊瑚花园，一边叫道："奇奇，我们来玩个藏猫猫的游戏吧，嘻嘻——我要藏起来了啊，你快来找我啊。"说着他就像一只机灵的小猴子，一头扎进长势茂盛的珊瑚森林，几个转身就不见了踪影。

奇奇有些猝不及防，不过他也是一个小孩子，只见他兴奋地朝着翔龙消失的方向追了过去，一头撞入了迷宫般的珊瑚森林。

"奇奇，我在这里，快来找我啊。"远远地传来了翔龙有些模糊的声音。

"我来啦。"奇奇兴奋地叫着，摆动着有力的尾巴向着声音传来的方向游了过去。

"嘻嘻，我在这里啦，快来追我啊。"奇奇赶到刚才声音响起的地方，一转眼翔龙的声音又从他身后的某个地方响起，看来这个家伙的动作真是很快啊，奇奇心想。

奇奇又扑向新的地方，就这样，两个小伙伴一个藏一个追，不知不觉，他们在迷宫般的珊瑚森林里越走越远，最后来到了一个极其陌生的地方。

看着身边高大的树形珊瑚，再看看海底幽深的礁石间的沟壑，奇奇忽然有些害怕，这个时候海面上似乎起风了，海风搅起的水面波浪动能传递到海底，水

底礁石间一些柔软的海草随着波浪神经质般地胡乱摆动,更增添了一丝诡异恐怖的气氛。

"翔龙,你……你在哪里啊,快点出来吧,我……我害怕。"奇奇声音有些颤抖。

"好吧,我出来啦,看——我就在你的身后,嘻嘻——"翔龙兴致倒是挺高,他笑嘻嘻地忽然从奇奇身后的一棵大珊瑚树后面跳了出来。

"我们快点离开这儿吧。"和珊瑚森林外透亮的海水相比,奇奇觉得这儿有些阴森可怕。

"好吧,我们走吧。"风浪越来越大,礁石间的各种海草现在更像发了疯,翔龙也不愿意多待了。

两个小伙伴想循着原路返回,可是他们在密集的各种珊瑚间转了一大圈,忽然发现又回到了刚才出发的地方。

"奇奇,我想我们是迷路了。"翔龙很肯定地判断道。

"那……那怎么办啊?"奇奇快要哭了,如果作为老牌海洋旅行家的翔龙都说迷路了,那他这个菜鸟就更没什么办法了。

"别急,我来观察一下,找寻一下方向。"看着紧张的奇奇,翔龙觉得都是自己的错,如果不是自己心血来潮玩什么藏猫猫,他俩也不会迷路困在这里啊。

小海龟翔龙伸长脖子站在一块高耸的礁石上,手搭凉棚向四周张望,这个时候风浪更大了,不断翻涌的海浪搅起水底的一些泥沙,让清亮的海水变得有些浑浊,再加上礁石群面积非常大,一眼根本望不到头,视线受阻的翔龙观察了半天,什么头绪都没有。

"也许我们要在这里过夜了。"翔龙无奈地

从礁石顶端下来,对满怀期待的奇奇说道。

"过夜?在这儿?"奇奇害怕地打量了一下周围的环境,下意识地朝翔龙身边靠近了一些。

"我是说也许。"翔龙忽然想起奇奇用过的一个办法,他决定也碰碰运气,于是扯着脖子大声叫道,"有人吗?我们迷路了,能帮帮我们吗?"

喊了几声，运气真是不错，竟然真的有人回答了，只听一个有些怯生生的声音问道："你们是谁啊？"

有救了！

翔龙和奇奇欣喜若狂，可是他们仔细打量了一下四周，并没有发现问话的人在哪儿，奇奇友好地回答道："我们是过路的。我和我的好朋友想去环游世界，路过这儿，看见这儿的珊瑚花园很美，所以就进来捉迷藏，没想到迷路了。你能帮助我们吗？"最后他很有礼貌地问道。

奇奇的话似乎获得了对方的信任，只见前方不远处一大片花状礁石间一个身影一闪，一条美丽的红色鱼儿出现在他们俩的面前。

"嗨，你们好，我是一条红笛鲷，不过大家更喜欢叫我们红鱼。你们真的是在环球旅行吗？"从说话就可以看出面前的这条红鱼是个乐观的家伙，似乎他对奇奇他们的环球旅行很感兴趣。

"当然啦，我是大名鼎鼎的航海旅行家翔龙，这位是我的好朋友奇奇，我们正在进行一次伟大的环球旅行——按照大英雄郑和下西洋的路线旅行。"翔龙说起他们的旅行满脸自豪。

虽然红鱼并不知道郑和是谁，但是看着翔龙满脸的自信，他就认为他们俩一定比自己懂的多得多，对

他俩充满崇拜的红鱼大声招呼道："伙伴们，你们都快出来吧，我们这儿来了两个伟大的环球旅行家啦！"随着他的喊声，原本看起来空无一人的珊瑚礁石间忽然热闹了起来，只见许多礁石群居民纷纷从隐秘的藏身之地游了出来，围在翔龙和奇奇的身边争着看"伟大的环球旅行家"。

被身边的拥挤场面吓一跳的奇奇和翔龙都有些丈二和尚摸不着头脑，他俩实在没想到，刚才还冷冷清清有些阴森恐怖的珊瑚礁石群，怎么忽然之间就这么热闹了。

"嘻嘻，我们都是生活在海底礁石间的一些弱小的海洋居民，大家的胆子都非常小，只要稍微有些风吹草动我们就会立刻隐藏起来保护自己，刚才你们俩捉迷藏的时候大声叫喊，我们以为是捕食者来了，所以都藏了起来。"看着奇奇和翔龙困惑的表情，红鱼热心地解释。

原来是这样，翔龙和奇奇恍然大悟，"你们能带我们出去吗？我们需要继续旅行呢。"奇奇看着身边的礁石居民们都很友善，大胆地提出请求。

"嗨——这有什么难的，我们都是这儿的老住户，闭着眼睛都能在这里自由行走，我说得对吗？"红鱼有些得意地问身边的同伴。

"对!"回应的是充满骄傲自豪的整齐的声音。

"既然你们是来旅行的,不如我们当向导,领着你们俩游览一下南海怎么样?要知道我们的家园南海可是太美了,不参观一番你们会后悔的。"红鱼热心地建议道。

"是啊,是啊,我们的家园可美丽了。"礁石居民们一起热情相邀。

　　看着大家真诚的笑脸，奇奇和翔龙心里十分感动，"谢谢你们，我们接受你们的邀请。"他俩互相对视了一眼，异口同声道。

　　"好啊，一起去游览喽！"礁石群间响起一阵欢呼。

　　在红鱼和他的同伴们的带领下，大家兴致勃勃地游遍南海的各个风景名胜。从大的方面来说，南海是由四个比较大的岛屿组成的，分别为东沙群岛、西沙群岛、中沙群岛和南沙群岛，此外还有曾母暗沙、黄岩

岛等由珊瑚礁形成的珊瑚岛，它们像一颗颗璀璨的明珠镶嵌在美丽的南海之中。

大家边走边看，欣赏着沿途优美的海景，就在这时，前方清亮的海水中忽然出现了一条巨大的身影，只见他全身呈亮银色，身体像一条超级巨型的带鱼，如一条巨蛇在水中游动。

"啊——水怪啊！"从来没有见过如此奇怪生物的奇奇吓得一下躲到了翔龙的身后。

"我看不像水怪，倒更像是一条龙。"唯一见过龙的模样的翔龙皱着眉头，看起来很像是个正在思考的大学问家。

"嘘——你们小声点，他可不是什么水怪，也不是什么龙，他只是一条体型巨大的皇带鱼而已，这家伙脾气很臭，我们还是离他远点吧。"红鱼对本地的居民了如指掌，他小声地给奇奇和翔龙解释。

他们说话的时候，皇带鱼翘着有两层楼高的红色背鳍旁若无人地从他们前方不远的地方游了过去，连正眼都没有看他们一眼。

见巨无霸皇带鱼走远了，奇奇才长长松了一口气，他从翔龙的身后转了出来，感叹道："他真是太有气派了，我脑袋上要是也有那么美丽的背鳍就好了。"奇奇这话说得倒是很对，皇带鱼背上的红色鱼鳍确实非常

华丽优雅。

　　他们继续欣赏美景,没走多远,眼尖的奇奇又发现了稀罕物:在前方不远清澈的海水中,一个有着美丽贝壳的奇怪生物在悠闲自在地游动。只见他螺旋状的漂亮贝壳外表光滑,呈光洁的乳白色,上面还装饰着一些美丽的橙红色波状条纹。奇怪生物的整个外形如一块圆盘,看起来有些像鹦鹉嘴,伸出壳外的地方还长着许多飘逸的长触须。

　　"他是谁?也很凶吗?"奇奇看着那个漂浮的生物长相奇特,以为像刚才长相怪异的皇带鱼,有些担心地问道。

"他是美丽的鹦鹉螺,他们可是大名鼎鼎很珍贵的,在海上航行的水手们会把他们称为'优雅的漂浮者',而科学家们则把他们看作是研究地球生物进化的活化石。"瞬间红鱼化身成了知识渊博的海洋馆讲解员。

"除了优美的风景和奇异的生物,还有其他与众不同的地方吗?我可是见多识广的环球旅行家,一般的景色已经不能让我激动了,我想看一些特别的风景。"看着身边一成不变的海洋景色,有些腻味的翔龙又嘚瑟地把他那顶唬人的环球旅行家帽子端了出来。

"有啊,我们这里有个很神秘可怕的蓝色深洞,洞里的海水蓝得发黑,深不可测,谁误入洞里,就会头脑发昏,忽然失去意识,然后沉入深不可测的洞底,再也出不来了——我们平时都不敢去那个地方,听说洞里藏着一只可怕的怪兽呢。"红鱼神秘兮兮地最后压低声音说道。

"是吗?有这么奇怪的地方?还有可怕的怪兽,那我们一定得去看看,你能带我们去吗?"翔龙有时候就是惹祸精,他一听红鱼说得这么神秘,好奇心立刻被挑了起来。

奇奇听红鱼说得这么可怕,倒不怎么想去,但是他也没有反对,毕竟自幼他就是一个好奇心特别重的

孩子嘛。

礁石居民们都有些害怕,红鱼也有些为难,不过最后他还是答应了翔龙的要求,毕竟他是南海的主人嘛,可不愿在远道而来的客人面前失礼,不过他特地声明,他只负责把翔龙和奇奇带到蓝色深洞附近,他可不会游到深洞边上去。

翔龙和奇奇非常兴奋,他俩跟在红鱼的身后,大家一起向着神秘的蓝色深洞游去。

珊 瑚 礁

珊瑚礁是由成千上万珊瑚虫的骨骼在数百年至数千年的生长过程中形成的,主要成分是碳酸钙,在深海和浅海中均有存在。它们是许多动植物快乐的生活场所,包括蠕虫、软体动物、棘皮动物和甲壳动物等,也是许多鱼类的幼鱼生长地。

为什么皇带鱼被称为地震鱼?

皇带鱼是一种非常罕见又异常华美的海洋生物，它们是海洋中体型最长的硬骨鱼，目前已知最长的可达15米，体重270多公斤，通体呈漂亮的亮银色。皇带鱼除了超级长的体型外，最特别的是它背部最前端的背鳍，呈红色，但是特别长，如果竖起来，足有两层楼那么高，在水中游动的时候如同脑门顶上顶着一杆旗帜似的，特别威风。

皇带鱼有许多俗名，比如龙王鱼、地震鱼等，因为平时很少能被见到，所以关于它的各种传说特别多。因为极其罕见，所以现在人们对它们的生活习性还不是很清楚，只知道它们生活在温暖的深海，属于肉食性鱼类，可以捕食遇到的一切海洋生物，并且还有同类自相残杀的行为。

它们之所以被人们称为地震鱼，这也和它们的生活习性和极其罕见有关。许多时候，人们看见它们都是在海底地震发生之前，所以很自然地就会联想到它们出现是因为感知到了海底的地震，是为了躲避地震而浮上海面的。比如在日本民间，就普遍认为皇带鱼可以预测地震的出现，从而它们"地震鱼"的名号也就更加名副其实了。

六、宝贝地图不见了

散发着无穷神秘色彩的深洞位于西沙群岛附近,在前往的路上,奇奇他们还看见了一座从深海中拔地而起的高耸钢铁建筑,如巨人一般屹立在波浪汹涌的海洋之中。

"这是什么啊?"从来没有见过这样奇怪建筑的奇奇好奇地问领路的红鱼。

"这是人类的钻井平台,听说他们是在海底寻找什么油气资源,点着了可以'轰'地一声,在那个大铁家伙的顶端燃起可怕的红色火焰,如果不小心靠近了,一下就会被烤熟的。"红鱼夸张地说着,怕奇奇和翔龙不明白,还卖力地用手比画着。

"是啊,那样红色的火焰我们也看见过,通红通红的,在空中蹿得老高,看起来真吓人。"一条漂亮的神仙鱼接话道。

"这些你是怎么知道的?"翔龙觉得红鱼实在太博学了,比自己懂得都多。

"嘿嘿,有一次我到那个大家伙下面玩,正好水面上有两个工作人员驾着小船在工作,他们说话我听见

的。"红鱼显得很自豪。

原来是这样,好奇的奇奇和翔龙远远地绕着钢铁巨人参观了一番,然后议论着继续跟着红鱼向神秘的蓝色深洞游去。

走着走着,领路的红鱼忽然停住了前行,他有些紧张地指着前方道:"看——神秘的怪洞到了。"

海上丝绸之路大冒险

大家停住了前进，奇奇和翔龙顺着红鱼指引的方向看去，只见前方平坦的海底忽然凹陷下去，在凹陷处，一个巨大的圆形洞口展现在众人面前。从远处看，洞口海水的颜色明显与周围的海水不同，呈现一种诡异的深蓝色。

"这就是你们说的神秘的深洞啊，看起来真是很奇怪啊。"翔龙使劲伸长了脖子朝深洞处张望，奇奇也好奇地睁大了眼睛打量。

红鱼到了深洞的附近再也不愿往前一步了，其他的同伴也是一样，个个脸上都露出一丝紧张不安的神色。

看大家都有些害怕，翔龙为了表现他海洋旅行家的勇气，准备上前去仔细观察一下神秘的深洞，他扭头问奇奇道："你也想去看看吗？"

奇奇有些犹豫，他回头看了看红鱼和其他的礁石居民，他们都不约而同地后退了一步，好像生怕奇奇开口邀请他们一起去，众人的举动让奇奇更加拿不定主意，他犹豫道："我……我……"

"来吧，这么奇特的风景不是每天都可以看到的。"翔龙不由分说拉着奇奇就朝深洞游去，他实际也有些害怕，拉着奇奇是想给自己壮壮胆。

就这样，有些不情愿的奇奇被翔龙拉着来到了深洞

前面,"可千万不要进入到洞里面去啊",身后传来红鱼关心的嘱咐。

"我得看看深洞里面到底有什么,是不是像红鱼他们说的那么可怕。"虽然心里有些害怕,可是翔龙又有些不相信红鱼他们说的,总觉得他们有些夸大其词——不就是一个深洞吗,能有什么可怕的。

"要去你去,我可不去。"奇奇的态度很坚决。

翔龙冲奇奇咧嘴一笑,意思是我不会勉强你的,他小心翼翼地走向深洞的边缘,前方深洞洞口的水展现出罕见的墨蓝色,散发着一种说不出的诡异。

翔龙格外小心地走到洞口的边缘,他使劲伸长脖子朝里面看,在他身后,奇奇和红鱼他们都紧张地屏

住呼吸注视着他的一举一动。

洞里深邃不见底，洞口的部分海水还算透亮，越往下，海水的颜色越深，到最后完全一片混沌，什么都看不见了。翔龙看了半天，什么都没有看到，他有些不甘心地退了回来，低头在地上找着什么。

"你在找什么？"离他最近的奇奇见什么都没有发生，大大松了一口气，他见翔龙的举动有些奇怪，开口问道。

"我找一块石头扔到洞里去，看看洞到底有多深。"见翔龙忽然冒出这么孩子气的举动，奇奇小大人似的叹了口气，无奈地摇了摇头。

终于翔龙找到了一块满意的石头，他高兴地举起石头就冲向深洞。可能太用力了，在扔出石头的一刹那，翔龙忽然脚下一滑，然后头朝前猛地向洞口的方向栽了过去。

"啊——"身后传来几乎异口同声的惊呼。

奇奇也被这忽然发生的意外吓坏了，他的心一下就提到了嗓子眼，就在翔龙快要大头朝下坠入深洞的时候，只见奇奇好像一道闪电一般，以光速冲到了翔龙的身后，然后猛地张开嘴巴，死死叼住了翔龙的一条后腿。

可是翔龙的体重明显比奇奇重很多，虽然奇奇用

尽了全身的力气想把翔龙往回拉,可是他俩还是像电影里的慢镜头似的,一点点地向无底深渊坠滑过去。

"我们快去帮忙。"红鱼最先反应过来,他带头冲了过去。

礁石居民们这才如梦方醒,他们跟在红鱼后面一起游了过去,准备救援翔龙。

奇奇使出全身的力气,尽量减缓他和翔龙滑向可怕深渊的速度,好在红鱼和伙伴们及时赶到,他们七手八脚,有的拉住奇奇,有的咬着翔龙的后腿,终于把

他俩从悬崖的边缘救了回来。

"天呀,太可怕了。"奇奇一屁股瘫坐在沙地上,满头的冷汗,他身后的红鱼们的模样也差不多。

可是翔龙的情况好像有些不对,他仰面朝天躺在沙地上,一动不动,眼睛也紧闭着,好像死了一般。"翔龙,你怎么了,你快醒醒啊。"奇奇吓坏了,他扑到翔龙身边使劲摇着他的身体。

可是翔龙还是死死闭着眼睛,一点反应都没有,好像真的已经死了。

"呜呜——翔龙——"奇奇有些绝望地哭了起来。"别哭别哭,你的朋友肯定是中了深洞里的毒,晕过去了,好在他只是在洞口吸了一点点,还可以抢救过来——快给他做人工呼吸。"红鱼毕竟久住在这里,经验比较丰富,立马提出了急救办法。

"可是……可是我不会做人工呼吸。"奇奇有些傻眼,他从来没有听过这么奇怪的名词,更不知道怎么做了。

"别急,我来帮你。"红鱼真的是一个很热心的朋友。

情况紧急,红鱼立刻吩咐身边的一个同伴道:"小胖,你来给翔龙按压心脏,我来给他做人工呼吸。"小胖是一只个头很大长得胖乎乎的螳螂虾,只见他听了

红鱼的吩咐,立刻弓着腰游到了翔龙胸口的龟甲上,然后举起一对有力的敲击锤,一下一下猛击翔龙的心口,当当当的声响好像是铁匠在打铁。

当螳螂虾小胖卖力敲击的时候,红鱼也没闲着,只见他好像一个医术高超的医生一般,鼓着腮帮子猛地吸入一大口海水,然后朝翔龙微微张开的嘴里喷去。

他俩紧张忙活的同时,奇奇和其他礁石居民都神

色紧张地注视着,希望翔龙可以早点醒来。

经过一番紧张地忙碌,翔龙终于慢慢睁开了眼睛,只见他微微侧头朝周围看了看,小声呻吟道:"哎哟,发生了什么事,怎么我的头这么晕啊。"看来他把刚才发生的惊心动魄的危险一幕已经忘记了。

"翔龙,你醒啦。"奇奇破涕为笑,猛地扑上去在好朋友的腮帮子上连着亲了好几口。

"怎么我的胸口感觉也有些疼,刚才是谁打我了吗?"翔龙的表情懵懵懂懂的,他的话把大家都逗乐了。

奇奇把刚才发生的一切详细告诉了他,翔龙先是向救他的所有朋友们道了谢,然后又有些愧疚地说道:"都怪我太任性了,如果听了红鱼老弟的话,就不会发生这么危险的事了。"

虽然过程很惊险,但结果很不错,大家也就把刚才发生的一幕当作游玩途中发生的一首小插曲,准备等翔龙完全恢复后再到别的地方游玩。

实际上他们看见的神秘深洞是海底忽然下沉形成的巨大洞穴,科学的名字叫蓝洞,名字的来历源于从空中俯瞰的时候,洞中海水的颜色呈现昏暗神秘的深蓝色调。蓝洞一般有几百米深,里面从来没有发现有生命活动的迹象,曾经有科考潜水员潜入蓝洞进行勘

测，才发现洞中严重缺氧，原因可能是因为洞里缺少海水循环，从而无法支撑海洋生命在洞里存在。这也是翔龙接触了蓝洞里的海水后会发生晕厥的原因。蓝洞在科学上非常具有研究价值，科学家们曾经在许多蓝洞的底部都发现许多远古生物化石残骸的存在。

具体到西沙群岛晋卿岛东北侧礁盘上的这座蓝洞，它还有一个更神秘气派的名字——龙洞。龙洞是当地渔民们对它的称呼，据渔民们世代相传的说法，龙洞是一个无底深渊，洞深不可测，传闻在洞里还藏着巨大的怪物，谁进入就是羊入虎口——有去无回。来此打鱼的渔民们都对这个地方敬而远之，不敢靠近。

当然红鱼他们并不知道深洞被渔民们叫作龙洞，但是这座神秘的龙洞给他们带来的麻烦还不止让翔龙晕过去呢。

事情是这样的，当大家等翔龙休息好了，准备离开的时候，翔龙忽然惊叫了起来："呀——不好，我的东西丢了。"

"怎么了，你什么东西丢了？"红鱼和同伴们都有些不明白，因为他们看到翔龙的时候，他就两手空空的，根本就没拿什么东西呀。

"我……我的地图丢了,就藏在我的脖子后面,现在没有了。"翔龙使劲伸长脖子和大家解释,刚才准备离开的时候,他无意中一摸脖子后面的地图,发现藏着的地图不见了。

"这可怎么办,没有地图我们还怎么跟着大英雄郑和的脚步去环游世界呢?"奇奇也着急起来。

"地图?什么是地图啊?"红鱼一脸茫然,他的同伴们表情也差不多,作为一个居住在珊瑚礁石里的海洋居民,他们可没有见过地图这种这么高端的玩意儿。

为了让红鱼他们明白,翔龙一个劲儿给他们比画,"这么大,这么薄,宽宽的,有些像宽叶片的海带。"最后翔龙给他们打了一个不怎么合适的比喻。

哦,像海带啊,红鱼和同伴们一副恍然大悟的表情。

"不会是掉到深洞里去了吧?"红鱼想起刚才把翔龙从蓝洞边缘像拔萝卜似的救回来的情景,猜测道。"掉到深洞里去了啊,那可怎么办?"翔龙那个时候是晕厥的,并不知道发生了什么,他一听红鱼这么说就急了。

"我是说可能……也许……"红鱼看翔龙很着急,说话吞吞吐吐模棱两可,实际他也没看见地图是否掉入了蓝洞里。

南海中的钻井

南海海底石油与天然气蕴藏丰富,2012年总量大概在230亿至300亿吨之间,相当于全球储量的12%,约占中国石油总储量的三分之一。这个区域里边一半的石油天然气储量,分布在中国所主张管辖的海域之内。目前我国已经在南海建立了多处石油钻井平台,进行油气资源的开发利用。

海洋蓝洞是怎么形成的?

在书里,我们已经了解了一些关于海洋蓝洞的知识,那么它们具体是怎么形成的呢,下面再给大家简单介绍一下。

海洋蓝洞形成的最早时间,可以追溯到两百多万年前的冰河时代,当时全球范围内的极寒气候使地球上大部分的淡水被冻结在地表的冰冠和冰川中，这就导致了海平面的大幅度下降。与此同时，由于淡水和海水交互侵蚀作用，使得一些石灰质地带形成了许多岩溶性空洞，而蓝洞所在的位置基本就在这样的区域。

质地疏松多孔的石灰质穹顶因为重力或者地震等原因塌陷后，地表就很神奇地出现了一个圆形的开口，看起来很像一个笔直陡峭的竖井，只是非常幽深。等到地球回暖，冰雪融化，海平面升高后，海水倒灌回一些地洞，便形成了大家现在所看到的海洋蓝洞这样的奇异景观了。

知道了海洋蓝洞形成的原因，那么在蓝洞的底部存在一些远古时期的古生物化石残骸，也就不难理解了。

七、突如其来的一张大拖网

听说地图可能是掉入深洞里了,大家面面相觑,谁都不敢到好像怪兽大嘴的深洞边去查看。

翔龙也不敢,刚才如果不是红鱼和小胖给他紧急施救的话,他现在只怕早就死了,他可不想再来一次。

"那我们现在怎么办,总不能在这里发呆吧?"奇奇虽然年纪小,不过说话倒是很有道理。

"我们大家帮着在洞口边缘找找,也许是掉在哪里了。"聪明的红鱼想了一个折中的办法。

大家都同意这个办法,于是认真地在蓝洞周围搜寻起来,寻找翔龙说的"一片宽大的海带"。

那么翔龙藏在脖子后面的地图到底到哪里去了呢?真的像红鱼推测的那样,掉入深不见底的蓝洞里了吗?

真实的情况是,在翔龙挥起石头猛地扔向蓝洞的时候,由于用力过猛,藏在脖子和龟甲之间的地图被甩了出来,这时正好有一股暗流涌过,于是地图随着暗流悠悠地就飘走了。这一幕谁都没有看见,因为大家对恐怖的蓝洞很害怕,生怕翔龙扔的石头会把藏在洞底的传说中的怪兽砸出来,所以有的眯着眼,胆小的干脆闭上了眼睛。

不管怎么样,大家都行动了起来,他们不放过一片地面、一块礁石,哪怕是礁石窄窄的缝隙,也要钻进去看过了才放心。

翔龙和奇奇对于朋友们的鼎力帮助非常感激,他们真想对每一位朋友都真诚地说一句谢谢,可是大家都忙着搜寻,于是他俩也加入搜寻队伍,希望能够有好运降临。

可是找了半天,几乎把蓝洞周围的每一块石头翻过、每一条礁石的缝隙搜过,地图依然不见踪影,这让大家都有些泄气。

"不会真的掉入深洞里了吧?"红鱼又把他最初的猜测提了出来,现在他感觉自己真是很有未卜先知的本领。

翔龙心里的希望随着时间的推移也在一点点破灭,他看了一眼奇奇,奇奇扁着嘴巴快要哭了。

"只要找不到掉入深洞的证据,我绝不放弃。"翔龙攥着拳头说得斩钉截铁,他是在给自己打气,也是在给大家鼓劲。

就在他们说话的时候,远处忽然传来一声叫喊:"你们快来呀。"

骤然响起的叫声在宁静的海底传出去很远,这把没有心理准备的众人都吓了一跳,大家纷纷扭头朝声音传来的方向看去,原来是小胖,他正站在一块形状有些奇怪的大石头边冲他们不住招手,意思让他们快点过去。

有情况!

大家都兴奋地呼啦一下涌了过去。

"小胖,你发现了什么?是丢失的地图吗?"刚游到小胖面前,红鱼就迫不及待地问道。

红鱼问完,大家都紧紧盯着小胖,等着他回答。

"看——这是什么?"小胖指着面前那块奇怪的"大石头"说道。

大家顺着他指着的方向看去,只见那块奇怪的"大石头"静静地躺在一块高耸的礁石下面。"大石头"上有几条粗大的褶皱,整个形状像三角形,细看之下"大石头"中间竟然还有一条细缝。

"呀——这不是一只大砗磲吗?"见多识广的红鱼叫道。

确实,躺在他们面前的就是一只很少见的库氏大砗磲,只见他的壳最宽的地方足有一米多,面积大得足以和一张小餐桌媲美。大砗磲看起来起码有四五百斤(1斤=500克)重,桌面一样的半扇外壳要是拆下

来,足够给一个婴儿当洗澡盆了。

"我们要找的是地图,你让我们来看大砗磲干什么?"红鱼不解地问小胖,这么大的砗磲虽然少见,但是在物种丰富的南海,也并不算什么。

其他同伴都觉得红鱼说得有理,大家都用埋怨的目光看着小胖,觉得他真是有些不懂事——现在大家正为找不到地图着急上火呢,他还有心思和大家开玩笑。

小胖一看伙伴们的神情,就知道他们误解了自己,只见他急得直摆手道:"不是不是,你们没有看见,刚才这个大砗磲张开壳的时候,我正好路过,恰好看见在他的壳里面有一张花花绿绿的东西,看起来很像翔龙说的那个

什么地图。"为了和伙伴们解释清楚,小胖急得满头大汗。

原来是这么回事,听了小胖的话,大家的眼睛都一亮,也许小胖看见的在砗磲壳里的东西就是翔龙丢失的那张神秘的地图呢。

"会是地图吗?"红鱼用探询的眼光看着翔龙和奇奇。

翔龙听完小胖的描述,就觉得有些像他丢失的那张郑和下西洋路线图。

"那些花花绿绿的图案是一些弯弯曲曲的曲线吗?"为了进一步证实自己的判断,翔龙想问一些细节的问题。

"嗯……刚才大砗磲张开壳,我刚想过来看清楚点,他立马又把壳闭上了,所以我也没怎么看清楚。"小胖有些犹豫地说道。虽然他说的是实话,不过有一点小胖没好意思说,那就是他根本没听明白翔龙说的曲线是什么东西,所以也不知道怎么回答。

小胖的话让翔龙也无法肯定,到底砗磲壳里花花绿绿的东西是不是就是自己丢失的地图。

"我们让大砗磲把壳打开看看不就知道了嘛。"奇

奇把这件事看得很简单。

"你太天真了,我的朋友,"奇奇的话让红鱼差点惊掉了下巴,他有些激动地游到奇奇身边转了好几个圈道,"大砗磲可不是容易说话的主,他们脾气又拧又固执,除非他们自己主动把壳打开,否则谁都甭想让他们把壳张开。而且他们的两扇贝壳还非常厉害,力气大得吓人,只要轻轻一闭合,就可以把一块坚硬的礁石压得粉碎,更不要说你我这样柔弱的小身板了。我曾经见过一条凶猛的大章鱼想偷袭一只张开贝壳晒太阳的大砗磲,结果大砗磲把壳吧嗒一声闭合,一下就把大章鱼的腕足夹住了,可怜的大章鱼挣扎了很久,断了好几条腿才侥幸逃脱呢。"红鱼说得绘声绘色,似乎凶残的大章鱼和大砗磲激烈搏斗的场面就活生生展现在大家面前一样。

听红鱼把大砗磲说得这么厉害,奇奇吓得倒吸了一口凉气,赶紧离大砗磲远点,生怕一不小心也把自己的尾巴夹住了。实际红鱼并没有夸张,也没有吓唬奇奇,大砗磲是地球上最大的贝类,他们的两扇贝壳闭合的力量大到令人难以置信的程度,据说可以轻而易举就把粗大的船锚铁链夹断。

"那怎么办?就算我们知道丢失的地图在大砗磲的贝壳里,也拿不出来了吗?"奇奇有些沮丧地说道。

奇奇的问题让大家都觉得有心无力，连凶猛的大章鱼都不是大砗磲的对手，何况他们这些弱小的礁石居民呢。

"朋友，你一定得给我们想想办法，如果不能找回地图，我和奇奇的环球旅行就只能泡汤了。"翔龙不甘心地恳求红鱼。

"别急，让我好好想想。"红鱼说着像个思考的智者，在大家面前来回转着圈子。

"哼——我就不信这只大砗磲这么牛气。"小胖年轻气盛，有些不服气。他们螳螂虾在礁石居民里大名鼎鼎，也算得上一号人物，那敲击力量可以用雷霆万钧来形容的一对敲击锤也不是吃素的。

咚咚咚——

小胖跳上大砗磲的贝壳，用一对敲击锤用力敲击他的外壳，那姿势活像一个技术熟练的铁匠在打铁。"快给我把贝壳张开。"一边敲击小胖一边叫道。

看着小胖卖力的样子，翔龙和奇奇感动坏了——南海的朋友们真是给力啊！

"加油——加油——"

围观的同伴们一起给小胖鼓劲助威。

有了伙伴们的鼓励，小胖敲击得更卖力，"噔噔噔""当当当"……敲击声密集得就如同置身于一个繁

忙的铁匠铺。

可是让小胖没有想到的是,他越是卖力敲击,大砗磲两扇贝壳就闭合得越紧,到最后干脆完全闭合了,这让小胖完全无可奈何了,也让围观的伙伴们傻了眼。

"我们得想想其他的办法才行。"红鱼想了半天什么主意都没有想出,所以他这句话等于白说。

就在大家束手无策的时候,一阵海浪涌来,海浪搅起地面的细沙,如一阵沙尘暴般扫过海底。看见浑浊的海水流过来了,小伙伴们纷纷向水面上层游,以躲避呛人的泥沙。

混杂泥沙的水流扫过躺在地面的大砗磲,虽然他的两扇贝壳闭合得非常紧,可是粗糙的贝壳外表还是让泥沙有空隙可钻——一些浑浊的泥水顺着贝壳表面一些很细小的缝隙钻进了大砗磲的体内。

让大家意想不到的一幕出现了:只见大砗磲好像一口吃了臭虫似的,原本紧闭的两扇贝壳迅速张开,然后一股股水流朝外面喷射,强劲的水流差点把没有注意的奇奇冲得翻了一个跟头。大砗磲喷了一会水,可能身体里的泥沙已经被吐干净了,只见他又缓缓收拢两扇贝壳,重新闭合了起来。

看着这罕见的一幕,大家都惊讶得合不拢嘴巴,头

脑灵活的红鱼忽然大叫道:"哈——我找到让大砗磲乖乖吐出地图的办法了。"

大家听了,都兴奋地围拢过来,翔龙着急地催促道:"快说,你想到什么好办法了?"

红鱼神秘地一笑道:"嘿嘿,你就瞧好吧,一会你们就知道了。"说着,他一摆尾巴,径直游向大砗磲。

大家不知道红鱼想干什么,只见红鱼游到旁边的一块沙地,头朝下用嘴巴灵活地一吸,一团泥沙被他含在了嘴里,接着他又游到大砗磲两扇贝壳的缝隙处,用力把嘴里的泥沙喷了进去。

看到这儿,同伴们都明白了,原来红鱼想用刚才大砗磲怕泥沙进入体内的强烈反应,让他把贝壳张开。

"快,我们一起上去帮忙。"翔龙暗暗佩服红鱼的聪明才智,他激动地招呼大家。

大家纷纷上前,就像一场好玩的游戏,所以每个人的热情都很高。可是不知道招谁惹谁的大砗磲就倒了霉,只见一团团泥沙被源源不断地喷进他的体内,让他浑身都不舒服。为了把泥沙排出,大砗磲不得不把两扇贝壳重新张开,不断地朝外面喷水。

"哈——真的是我们丢失的地图哎。"奇奇眼尖,透过大砗磲张开的贝壳,一眼就看见粘在大砗磲肉片褶皱上的宝贝地图。

海上丝绸之路大冒险

看准时机,翔龙想伸头进去叼出地图,可就在这紧要关头,大砗磲忽然喷出一股极其强劲的水流,一直纹丝不动的地图猛地被喷出去老远,荡荡悠悠地随着水流飘走了。

"地图飘走了,快追啊!"奇奇焦急地大喊。好不容易把地图从大砗磲壳里弄出来了,可别又弄丢了。

大家都不再搭理倒霉的大砗磲,纷纷呼喊着追赶地图去了,大砗磲这才得到了歇息的机会,他努力把身体里的泥沙排净,然后紧紧闭合

了两扇贝壳，再也不愿张开了。

那么地图怎么会到大砗磲壳里呢？原来地图飘到大砗磲附近的时候，正好大砗磲张开扇壳换气，强劲的吸力一下把地图吸进了贝壳里。地图很薄，又是特殊的塑料做的，粘在大砗磲的嫩肉上，吸粘得特别紧。虽然大砗磲觉得很不舒服，可是他费了半天劲也没能把地图喷出，最后只好无可奈何地认输了。

再说翔龙、奇奇他们一大群人追赶地图，这时洋流忽然有些湍急，裹挟着地图在前面漂流得特别快。虽然大家非常努力，可总是差那么一点点，好几次翔龙都快要把地图抓到了，可是一股暗流涌来，近在咫尺的地图又像有意逗他们玩似的晃晃悠悠地飘走了。

"哼——我就不信抓不到你。"翔龙来了小脾气，在

地图后面紧追不舍。

海面上忽然传来一阵嘈杂的声响,"哒哒哒——哒哒哒——",声音由远及近,好像在快速地移动。

翔龙他们都没有在意,因为大家的眼里只有漂流在前方的地图,抓住地图才是他们现在最关心的事。

就在翔龙他们再一次快要接近地图的时候,一张很大的拖网从他们的面前扫过。拖网前方,一群可怜的沙丁鱼群在拼命逃窜,而地图正好飘在他们前进的路上,只是一瞬间,地图和沙丁鱼群都被拖网网了进去,成了瓮中之鳖。

珍贵的砗磲工艺品

砗磲内壳为白色且光润,因原材料的稀少,是稀有的有机宝石。砗磲、珍珠、珊瑚、琥珀在西方被誉为四大有机宝石。将砗磲尾端最精华部分进行切磨,可作珠串及各种装饰宝石,也可整体制作造型摆件,非常珍贵。

你知道砗磲是什么吗？

砗磲，说起来让人觉得既神秘又罕见，如果我告诉你，它就是一种生活在海洋里的超级大的贝壳，你是不是觉得好理解多了？

说到砗磲的大，以库氏砗磲（也称大砗磲）为例，壳最宽处可达1.3米，重约300公斤以上，是世界上体型最大的一种贝类。库氏砗磲的一扇贝壳，完全可以当婴儿的洗澡盆，而两扇贝壳的闭合力量也大得惊人，据说可以轻易地将小孩手臂粗细的船锚铁链夹成两段。

目前人类已知的砗磲家族有两属10种，根据我国2003年出版的《中国海洋贝类图鉴》，在我国分布的有6种，分别是库氏砗磲（大砗磲）、无鳞砗磲、鳞砗磲、长砗磲、番红砗磲和砗蚝。其中5种砗磲的外壳长度都可以达到50cm，而体型最大的库氏砗磲寿命可达60年以上。

八、为翔龙而设的陷阱

啊——

看到这意外一幕的小伙伴们都吃惊地叫出声来。"现在该怎么办?"奇奇着急地问翔龙。

"我们跟上去,然后再想办法,不管怎么样,我的地图我一定要拿回来。"翔龙说得斩钉截铁,眼睛里透露出一股坚毅的光芒。

那么这忽然出现的大拖网是怎么回事呢?原来这是一艘出海偷渔的捕捞船撒下的。现在正是休渔期,目的是让鱼类安心繁殖,可是有些家伙就是不遵守国家的法律,为了个人利益干些违法的事。

此刻,在大拖网前边的渔船上,马达在声嘶力竭地轰鸣,渔船的船舱里,一胖一瘦两个家伙正紧张地注视着海面,等待着他们出海以来的第 N 次捕捞成果。

胖子是船长,名字叫张大龙,因为人长得特别胖,像一个汽油桶,认识他的人都叫他胖龙。瘦子是船员,因为姓侯,人又长得尖嘴猴腮的,所以大家都叫他瘦猴。此刻两个家伙正全神贯注地盯着即将出水的大网,眼睛里充满了贪婪的目光。

"老大,你说我们这一网的运气怎么样?"自从冒着被渔业公安抓住的危险偷偷出海作业以来,他们下了好几次网,可是每次几乎都是空网而归,气得两个家伙一直跳脚。

"真是奇了怪了,难道鱼群都搬家了?要不就是出海的时候,我上完厕所没洗手就给鱼神烧香,鱼神一定怪罪了。"几次空网之后瘦猴忍不住大放厥词胡说八道起来。

"别胡说,我可不信这个邪,冒了这么大风险出来,不把鱼舱装满我绝不回港。"胖龙圆溜溜的老鼠眼恶狠狠盯着波澜起伏的海面,那表情好像要吃人。

现在面对着即将再一次出水的渔网,两个家伙心里都特别紧张,胖龙不断地舔舐因为海风的吹拂而有些干裂的嘴唇,瘦猴更是紧紧握着让渔网上升的操纵按钮,好像稍一松手,渔网里的鱼就会消失不见似的。终于拖网出水了,随着升降马达的轰鸣,大网顺着升降杆一点一点脱离海面,出现在两个家伙的面前。

"哈——老大,鱼——有鱼——终于不是空网了。"一眼看见渔网里那些活蹦乱跳的沙丁鱼,瘦猴就心情激动地大声嚷嚷起来。

"瞎嚷嚷什么,我又不是没长眼睛看不见。"胖龙不满地白了他一眼。

瘦猴习惯了胖龙对他的态度,他依然很兴奋地眨巴着一对猕猴眼紧盯着不断上升的渔网,要知道这可是他们出海以来第一次网里出现这么多鱼,怎么能不让他兴奋激动呢。

"老大快看,渔网里有东西。"紧盯着渔网的瘦猴又一惊一乍地叫道。

"当然有东西啰,不就是鱼吗,咱们来捕鱼的,渔网里不是鱼是什么。"虽然网到了鱼,但是收成并不是很好,而且都是一些沙丁鱼,赚不到多少钱,所以胖龙气有些不顺。

"老大,我不是说鱼,是说渔网里还有其他的东西,看起来花花绿绿的,看不清是什么东西。"瘦猴的一对猕猴眼虽然不大但是很聚光,他一眼就看见了被密集的沙丁鱼群挤压在渔网侧边的地图。

"哦——"这时胖龙也看见了,"好像是一张地图吧。"他随口说道。

"地图?不会是一张藏宝图吧!老大,我们要发财了。"瘦猴的脑子转得挺快。他从出生就在海边,打小就听老人们说了许多和海盗有关的离奇的传说,什么海中的无人小岛曾经是海盗们的老巢,那里埋藏着几百年来海盗们抢来的无数珍宝,可是从来没被人发现过。

"胡说八道什么,好好干活,快点把鱼吊到鱼舱里。"胖龙见瘦猴又开始做白日梦,不满地斥责道。虽然嘴上这么说,但是这家伙的小心眼也活动了起来。

为了搞清渔网里花花绿绿的东西到底是什么,两个家伙都加快了手上的动作,随着升降杆一阵吱吱呀呀的响声,庞大的拖网被吊到了鱼舱上空。紧接着渔网打开,一条条银色的沙丁鱼倾泻而下,一时间甲板上如同下了一阵沙丁鱼暴雨。

"老大,我们快过去看看,看看到底是什么。"一心想发横财的瘦猴有些心急火燎地催促道。

"一看你这心浮气躁的样子就知道干不成什么大事。"胖龙故意装出一副稳如泰山的样子,实际他的心里也像爬满了蚂蚁似的痒酥酥的。

两个家伙丢下手里的操纵设备任随渔船在浩渺无际的海面上漂浮,他们奔到甲板上的鱼舱前,满眼都是饿狼看见鲜肉时的贪婪。

在地图被大拖网裹进去之后,翔龙和奇奇他们就一直紧随着渔船。大拖网被吊离水面的时候,眼尖的奇奇一眼就看见了网绳后面的地图,在耀眼的阳光下,五彩斑斓的地图闪现出瑰丽梦幻的华彩。

"看,我们的地图。"奇奇叫道。

翔龙当然也看见了,红鱼他们也看见了,但是大家能做的就只能是眼睁睁地仰望着,看着地图随着拖网里因为离开水而拼命挣扎的沙丁鱼们越升越高,最后消失在船舷之后。

"完蛋了,你们的地图拿不回来了。"红鱼有些泄气地说道。

"哼——我是不会放弃的,我一定要拿回我的地图,它是属于我的。"翔龙不愿认输,要知道他得到这张宝贝地图可真是不容易啊。

这时甲板上的两个家伙正用饿狼一般的眼神死盯着鱼舱里的地图,瘦猴用一根鱼叉小心翼翼地把地图从沙丁鱼群里捞起,然后一把抓过猴急地就要展开看。

"哼——"胖龙鼻子里轻哼了一声,鼻音里带着明显的不满。

瘦猴一愣,这个家伙不愧是鬼灵精,立刻就明白了老大对自己不满的原因,只见他双手捧着地图毕恭毕敬地递给胖龙道:"嘿嘿,老大,你先看,小弟我一时心急差点儿坏了规矩。"

胖龙也不说话,只见他趾高气扬地伸出如同五根胡萝卜的胖手接过地图,然后像一位大战之前审视军事地图的统帅一样,瞧向展开的地图。

"哦——咳——"目光与地图接触的一刹那,胖龙发出了先是意外后是泄气的两声惊叹。

"老大,地图上都有什么,真的是藏宝图吗?"胖龙的个子比瘦猴要高,横截面积过大的胖龙让踮着脚也无法看清地图上到底有什么的瘦猴急得抓耳挠腮,活像一只上蹿下跳的大马猴。

"哼——你自己看,什么藏宝图,咱们哥们有那福气吗?我早就知道是狗咬猪尿泡——空欢喜一场。"胖龙似乎很生气,把地图朝瘦猴脸上一摔,气哼哼地转身回船舱了。

沾了水的地图具有很强的吸力,它牢牢地粘在瘦猴的脸上,好像瘦猴要玩川戏里的变脸绝活。费了半天劲瘦猴才把地图从自己干巴巴的瘦脸上揭下来,当他满怀期待的目光接触到地图顶端的一行黑体大字的时候,也不由愣了——郑和下西洋路线图,原来真的只是一张地图啊。

瘦猴有些泄气,现在他终于明白刚才老大忽然生气的原因了,现在他也有些生气。

气恼的瘦猴决定好好惩罚一下这张倒霉的地图,他伸手撕扯,想把地图撕个稀巴烂,结果一撕竟然没有撕烂。正在气头上的瘦猴没有多想,他几步来到船舷边,扬手就把地图扔向海里,想让它随波漂流,泡烂在无边无际的海水里。

"哼——让你要弄老子,我就让你尸骨无存。"他心里愤愤不平地想。

海风激荡,瘦猴第一次扔地图竟然没有成功,强烈的海风把地图吹得像张开翅翼的彩色蝙蝠,又刮回来紧紧包裹住了他铁核桃似的猴脑袋。由密实的高分子材料制成的地图紧紧贴住他的两只鼻孔,呼吸不畅的瘦猴一时感到有些眩晕。

如同即将溺亡的溺水者一样,手忙脚乱的瘦猴终于把地图从脸上扯下后,他彻底被激怒了,"好啊,竟然想报复憋死我是吧,看我怎么对付

你!"他怒不可遏地再次来到船舷边,趴在船舷边大头朝下,想把地图直接按进水里,让它永世不得翻身。

渔船并不很大,船舷也就只高出海平面一米多的样子,在他的目光接触水面的一刹那,瘦猴发出了一声惨绝人寰的惊叫:"啊——"原来他发现水面上一双眼睛正在看着他,高高翘出水面的脑袋差一点就要和他头碰头了。同时,在幽蓝诡异的海面之下,还有无数

双星星点点的可怕眼睛在瞪着他。

"没事瞎嚎什么,能不能让我安静一会。"发财的美梦如肥皂泡一般破灭的胖龙心情很不好,他从船舱里探出脑袋冲瘦猴没好气地嚷道。

"老大,海龟,是只很漂亮的小海龟呀!"看清目标的瘦猴又从惊恐变成惊喜,他扭头兴奋地朝胖龙喊道。

"小海龟!在哪在哪,我来看看。"听说发现了一只小海龟,胖龙也好奇地奔了过来。

原本海龟在海里并不算是什么稀罕种类,他们虽然很珍贵,但也很常见,可是随着环境污染和人类的滥捕滥杀,他们的数量急剧下降,越来越少见了,即使如胖龙和瘦猴这样常年在海上打渔的老渔民,想发现一只美丽的海龟也不是件很容易的事了。

"哈——真的是一只漂亮的小海龟哎!"站在船舷边的胖龙由衷地赞叹道。

那么他们嘴里的小海龟是谁啊,不用说大家都猜到了,就是想要拿回地图的翔龙嘛。自从地图随着大拖网消失在船舱后,大家都有些灰心,翔龙更是焦急地在水面上高高探出小脑袋,想看清甲板上的情况。

可是他的脖子太短了,什么都没有看见,就在他焦

急万分的时候,船舷上忽然出现一个瘦小的身影,他的手里拿着的正是自己牵肠挂肚的宝贝地图。

"快还给我。"翔龙差点喊了起来,虽然他喊什么人类也不会听懂。

接下来发生的事让翔龙和小伙伴们都惊喜万分,原来那个家伙是要把地图扔进海里。大喜过望的小伙伴们都屏住呼吸,眼巴巴地盯着瘦猴手里的地图,期待着它重新回到大海的怀抱。可是紧接着发生的一系列意外又让大家焦急万分,他们忐忑地紧紧注视着瘦猴的一举一动,不知道下一刻地图的命运又会发生什么戏剧性的变化。

然后就是——瘦猴和翔龙在水面上不期而遇,彼此都吓了一跳的惊心一刻。意外看见漂亮的小海龟,让瘦猴似乎忘记了自己和地图之间的过节,只见他随手把地图又扔回了鱼舱,和胖龙兴致勃勃地站在船舷边欣赏美丽的翔龙。

小伙伴们都失望至极,眼看地图就要重新回到大海里了,可是命运开了一个残忍的玩笑,再次让它与翔龙和奇奇失之交臂了。

观赏了一会,两个家伙对翔龙失去了兴趣,他们发动渔船,准备离开,因为他们还有更重要的事情要做——抓紧时间捕鱼挣钱。要是被海警发现就完蛋了,

在海上多待一分钟危险就大了一分。

航行了一段距离,瘦猴无意中朝船后看了一眼,忽然他惊奇地叫道:"看——老大。"

"看什么,又大惊小怪。"胖龙以为同伴又在发神经,不满地瞟了他一眼。

"不是啊,老大,海龟,刚才的小海龟,他一直跟在我们渔船后面呢。"瘦猴解释道。

"是吗,还有这么奇怪的事。"胖龙有些不相信,他朝着瘦猴手指的方向望去,果然在船后的浪花飞溅中,一个若隐若现的身影在游动——刚才的那只小海龟果然在奋力追赶他们。

两个家伙为了印证自己的判断,有意加大了航速,随着原本有气无力哼哼唧唧的马达忽然发疯似的吼叫,渔船如离弦之箭般在海面上前进。

可是让他们俩吃惊的是,虽然被渔船越拉越远,可是小海龟似乎并没有放弃的打算,他依然奋力游着,努力想缩短与渔船之间的距离。

"老大,这只小海龟是吃错了东西发神经了吗?"瘦猴从来没有见过这样的场面,虽然海龟一般并不怕人,但是主动追着人到处跑的情形也很少见。

"也许……可能他是想吃我们船舱里的沙丁鱼吧。"胖龙也没有见过这样的情景,他皱着眉头猜测道。

　　如果船后现在追赶的是一条凶残的大白鲨,胖龙会认为也许自己和瘦猴才是大白鲨的目标,可是对于一只还没有成年的小海龟,只能这么解释了。

　　看着紧追不舍的翔龙,原本并没有什么想法的胖龙忽然眼睛一亮,他想起了一件事,一件可以让自己发一笔意外之财的事,于是这个家伙转动一对老鼠眼,动起了歪脑筋。

　　"瘦猴,既然这只小海龟这么喜欢我们,我们就把他带回去,嘿嘿。"胖龙不怀好意地笑起来。

　　"老大,偷捕海龟可是犯法的,我可不想坐牢。"瘦猴被胖龙的提议吓了一跳,有些胆怯地嘟囔道。

　　"胆小鬼,难道我们偷偷出来捕鱼就不犯法啦?既然已经犯法了,再多犯一点儿又有什么关系,反正不都是犯法吗。还有,你小子想不想发财了?想发财就照我说的做。"胖龙一脸不屑地斥责同伴,似乎胸有成竹。

　　一听说能发财,瘦猴立刻就把犯法的问题抛到了九霄云外,"老大,真的能发财?你没有骗我吧?"他有些不相信地问道,同时眼睛里又充满着期待,还有些狡黠和贪婪。

　　"废话,老子什么时候骗过你?想发财就赶紧照我说的做,不要惹我发火。"胖龙在瘦猴面前一副黑道大

哥的派头。

"嘿嘿,那是那是,老大向来都是言而有信的人,兄弟我自然相信。"瘦猴不敢再多嘴,怕惹恼了胖龙。

接下来,两个家伙商议了一个捕捉翔龙的办法,他们放慢了船速,让渔船不紧不慢地行进着。接着,两个家伙换了一个小点的拖网,然后在里面放了一些半死的沙丁鱼作为诱饵,那张惹事的地图也被瘦猴用鱼叉铲鱼的时候无意中一道铲进了渔网。

南海的禁渔期

为保护南海生态环境和渔业资源,中国渔业部门从1999年开始实施南海禁渔令,大约从每年的5月中旬起,开始为期两个半月的伏季休渔期。期限内,中国和其他国家的渔船都在限制范围内,除单层刺网、钓业外,禁止其他所有作业类型生产。

郑和为什么要下西洋？

郑和七次率领庞大的舰队下西洋，那么他具体的目的是什么呢？下面我们来看看历史学家们都是怎么说的。

在历史上，关于郑和下西洋目的的说法很多，比如有的历史学家认为郑和下西洋是为了寻找被推翻的建文帝朱允炆。也就是说篡夺了王位的明成祖朱棣想斩草除根永绝后患，所以派自己的心腹太监郑和去追杀建文帝。这种说法不怎么可信，因为为了寻找一个下落不明的废帝花费巨大的人力物力追到了国外，还一找就找了近三十年，怎么看都有把明成祖朱棣当冤大头的感觉。

还有的历史学家认为郑和下西洋是去剿灭元朝末年起义军张士诚残余势力的。当时张士诚的残部和日本倭寇狼狈为奸沆瀣一气，严重威胁沿海地区的安全。这种说法也只能是一家之言，虽然郑和的船队在航行中确实与海盗有过激烈的战斗，但不是航海活动的主流。

那么郑和下西洋的真正目的是什么呢？这就是《明

史·郑和传》所说的,向海外各国展示国家的富强,传播泱泱中华的璀璨文明,与世界各国人民交好,增进彼此了解和来往交流。

九、环游世界的计划要搁浅

渔网刚撒入海中,紧随在翔龙身边的奇奇就看见了,"看,地图。"他兴奋地叫道。

终于地图又回到大海里了,大家都非常高兴,可是等他们看清地图所在的地方后,一个个又垂头丧气起来:地图被压在渔网里的一堆沙丁鱼下面,想拿到地图可不是件容易的事。

现在该怎么办?大家一起看着翔龙,等着他拿主意。经过一阵紧张的追逐之后,小伙伴们都有些累了。

翔龙眉头紧皱,脑子在高速旋转想着对策。看着宝贝地图近在咫尺,自己却不能把它拿回来,这让翔龙心里特别不爽。好几次,翔龙都想冒险冲进渔网拿出地图,可是都被奇奇和红鱼拦住了:这实在是太危险了。

甲板上,两双贪婪的眼睛也在密切注视着水面下的一举一动:只要翔龙一进入渔网,他们就会立刻起网,翔龙再也休想逃脱了。

"来吧,小宝贝,快点进入渔网吧,快些来吧,里面有好吃的沙丁鱼,快进去吃吧,宝贝,乖乖,这些都是为你准备的。"瘦猴贪婪地盯着蓝色海面下的翔龙，越看越觉得美丽，话也越说越肉麻。

翔龙当然没有听见瘦猴这些肉麻的话，他所有的注意力都集中在渔网里的地图上，不断绕着拖网转着圈子，脑子里想的都是如何取出地图的办法。

终于他想出了一个主意：把地图从渔网的网眼里掏出来。他把这个办法和同伴们一说，大家都同意，这总比进入渔网里去拿地图安全多了。

翔龙小心地游到拖网的后边，他伸长脖子，努力想用嘴巴把渔网里的地图叼住。可是网眼太小了，他费了半天劲一点效果都没有。

"让我来试试。"奇奇自告奋勇，他的嘴巴尖尖的，也许可以伸进窄小的网眼之中。可是他紧贴着渔网试了半天，也和翔龙同样的结果。

"还是看我的本事吧，我大展身手的时候到啦。"一只漂亮的蓝魔虾游了过来，他浑身披着梦幻的蓝色，要多炫目有多炫目。

蓝魔虾有一对有力的螯钳，而且非常灵活，他们几乎可以用这一对钳子做任何精细和高难度的动作。大家都对蓝魔虾抱着信心和期待，希望他能够用手术刀般精确的螯钳把地图夹出来。

蓝魔虾小心翼翼地游近拖网，他先用腹部的几个

小螯足紧紧抓住渔网,然后把一支螯钳慢慢伸进网眼,你别说,不大不小正合适,正好可以穿过网眼。

在众人的注视下,蓝魔虾张开钳子一下夹住了地图的一个边角,见他成功地夹住了地图,围观的同伴们发出了一声声惊喜的欢呼。

听着同伴们的赞美,蓝魔虾有些得意,他慢慢缩回螯钳,想把地图也一道抽出来。可是地图刚在网眼里露出一个边角,就卡住不动了,不管他怎么弯腰使劲,也休想再把地图抽出一厘一毫。

"我们快一起上前帮忙。"红鱼号召同伴们道。

小伙伴们一起涌上前,他们像拔萝卜似的,你衔着我的尾巴,我夹着他的屁股,大家在红鱼的指挥下,一起喊着整齐的号子,想把地图从网眼中抽出来。

可是蓝魔虾的弓腰都快要被拽直了,地图也只是从网眼里被抽出头发丝那么宽的一点点,终于蓝魔虾受不了了,他觉得自己的腰都快要被拽断了,只见他一松钳子,正在全力以赴的同伴们措手不及,一个个仰身向后面倒去,骨碌碌随着海浪被冲出去老远。

等到再次集结,感觉丢了面子的小胖的暴脾气上来了,"哼——坚硬的礁石我都不怕,我就不信对付不了这张渔网,看我把它砸破。"小胖气哼哼道。要知道他的一对敲击锤可以轻易地就把坚硬的贝壳敲碎,一

张软绵绵的渔网又有什么好怕的。

不过他还真的高看了自己的本事,只见他接连高速挥出自己的敲击锤,可是打在渔网上面就好像击中了软绵绵的棉花一样,渔网只是顺着力的方向凹陷进去,转瞬间又恢复了原状。不认输的小胖一连发动了几十次攻击,直到把自己累得气喘吁吁,可是渔网还是原样未动,连一根纤维都没有掉落。

无可奈何的小胖只好认输,他无奈地冲着翔龙一摆手道:"朋友,我帮不了你了。"不断喘气的他刚才一阵忙活真是累得够呛。

失望的翔龙绕着渔网来回转圈,他眼睛一转忽然有了新主意:用自己的嘴巴把渔网撕破一个口子,这样就可以把地图掏出来了。可不要小看了海龟们的嘴巴,虽然他们看起来没有大白鲨那满口锋利的尖牙,可是他们嘴巴的前端很坚硬,要是咬谁一口,后果也是很严重的呢。

说干就干,翔龙张开嘴巴,一口咬住地图附近的网绳,然后左右猛烈地摆动脑袋,想把渔网撕破,可是网线异常结实,他撕扯了半天,渔网还是纹丝不动。

这可怎么办,小伙伴们都有些傻眼,明明地图就在眼前,可以看见也可以摸到,可就是拿不走,真是让人发愁。

甲板上的两个家伙也趴在船舷边贼眉鼠眼地注视着水面下的动静,见螳螂虾、小海龟等都争先恐后地上来撕扯渔网,胖龙笑道:"嘿嘿,真是好玩,这些小家伙想吃到沙丁鱼还真是拼命啊。"两个无聊的家伙兴致勃勃地好像看戏,几乎都忘记了设陷阱要捕捉小海龟的计划。

水面下,无计可施的翔龙准备冒险一试:进入网中,把地图拿出来。他把自己的想法和大家一说,几乎所有的小伙伴都反对,红鱼很有经验地劝道:"朋友,人类很狡猾,难道你没有看出这是一个圈套吗?"

小胖也好心地劝道:"是的,红鱼说得对,我的朋友,也许你进去了,就永远也别想再出来了。"

见小胖说得这么可怕,奇奇快哭了:"翔龙,你不要进去好吗?你要是被抓了,我可怎么办啊,我连回去的路都不认识呢。而且你还答应了,要帮我找妈妈和兄弟姐妹们的。"

"可是奇奇,如果我不能把地图拿回来,我们沿着大英雄郑和下西洋路线环球旅行的计划就要停止了,这个计划我是绝不会放弃的。"翔龙很真诚地看着奇奇道。

奇奇张了张嘴,可是什么都没有说出口,因为他明白这张地图对于翔龙的重要意义,作为他最好的朋友,

怎么能在关键时候掉链子呢。

"好吧,我支持你,可是你要小心啊。"奇奇最后说道。

"我会小心的,放心吧,我一定会没事的,我们俩还要结伴去环游世界呢,你可不要趁着我不注意偷偷一个人溜走哟。"翔龙为了不让奇奇太担心,故意和他开起了玩笑。

"嗯,我一定会等你的,我们一起去环游世界。"奇奇向好朋友做出了庄严的承诺。

渔船还在拽着拖网不紧不慢地前进,翔龙怕情况发生变化,他趴在网口仔细观察了一下,见没有什么异常的情况,他看准时机,一个猛子扎进了渔网。

见翔龙进入了渔网,奇奇和其他同伴的心都提到了嗓子眼,好在并没有出现什么危险,他们才慢慢放下了悬着的心。翔龙也格外小心,他慢慢向里游,一点一点接近紧贴在网底的地图。

趴在船舷只露出两双眼睛的胖龙和瘦猴饿狼般紧盯着翔龙的一举一动,他们俩见谨慎的小海龟终于进入了圈套,心花怒放得差点蹦起来叫出声。两个家伙并没有急着收网,经验丰富的他们知道要让猎物进入网中更深一些,才会万无一失。

见翔龙已经进入网中很深了,胖龙偷偷给同伴递

了个眼色,瘦猴会意,只见他悄悄站起身来,蹑手蹑脚走回驾驶舱中,等着胖龙的信号发出,他就立即收网。这时小心翼翼的翔龙已经接近了网底的地图,就在他伸着脖子准备叼地图的时候,密切监视的胖龙看时机已经成熟,只见他猛地朝身后一挥手大喊道:"瘦猴,快起网,快点。"

在同伴的催促下,瘦猴手脚麻利地按下起网按钮,

随着转盘的快速转动，只见网口迅速收拢，翔龙被牢牢困在了里面。

对于突如其来的意外情况，网中的翔龙和网外的奇奇他们都傻了眼，翔龙惊恐地扑到网边，趴在渔网上对奇奇他们叫道："奇奇，红鱼，快救救我，快救救我啊！"短暂的大脑短路之后，外面的同伴们也反应了过来，他们一起扑到网前，隔着渔网对翔龙又拉又拽，想把他拉出来。

可这不是搞笑吗，连一张小小的地图他们都无法从渔网细小的网格中拽出，何况体型庞大了许多倍的翔龙呢。随着渔网带着翔龙升高离水面越来越近，眼看就要脱离水面了，大家急得围着渔网团团转，可是除了眼睁睁地看着，一点儿办法都没有。

甲板上的胖龙可开心坏了，满脸都是肉的他笑得两只老鼠眼眯成了一条缝："宝贝，乖乖，快点给我上来吧，这次大爷我发大财就全靠你啰！"

终于渔网被吊离了水面，在翔龙出水的一刹那，他的眼中充满了绝望的恐惧和对伙伴们的不舍，而奇奇和红鱼他们也感觉世界末日差不多就要降临了。

"翔龙，别害怕，我们一定会想办法救你的。"在好朋友被吊上甲板，快要消失在船舷后的一刹那，奇奇使出全身力气跃出海面大喊道，这是此刻他唯一能

为翔龙做的事情了。

"你说想办法救他,可是我们能有什么办法啊?"奇奇刚一落入水中,红鱼、小胖他们就围上来问道。

"我也不知道,我只是不想让他一个人感到孤单害怕,知道我们大家都会帮他,和他在一起,所以才那么说的。"奇奇眼泪汪汪的,一想到可能永远都见不到翔龙了,伤心地哭了起来。

"你说得没错,我们一定会救他的,他也是我们的朋友嘛。"暴脾气的小胖人也仗义,说的话让奇奇觉得非常温暖。

"对,我们一定会救他的""我们礁石居民都不是孬种"……小伙伴们都很热心,他们围着奇奇七嘴八舌,差点把他的耳朵都吵聋了,可是此刻在奇奇听来,世界上最美丽的语言也不过如此了。

违反禁渔令的处罚

南海休渔期间,除持有南沙专项捕捞许可证前往北纬12度以南的南沙海域生产的渔船外,所有拖网、

围网作业渔船一律停港、封网。有关单位不得向其供油、供冰,或收购、运销、代冻、储藏鱼货。如果外国渔船进入中国领海,将按照中国相关法律从严处理,情节严重的,将没收渔船和捕鱼所获。

世界上真的有蓝色的鳌虾吗?

首先要肯定的是,世界上真的有身体是蓝色的鳌虾,名字就叫蓝魔虾。

身体呈现魔幻蓝色的蓝魔虾原产自美国佛罗里达州的河流中,最初的时候,它是作为宠物用来观赏的。说到这儿,大家应该明白了,蓝魔虾是一种淡水龙虾,并不生活在海洋里。那么蓝魔虾为什么不像我们常见的龙虾身体是红色的呢?具体原因目前还不得而知,有一种说法是因为蓝魔虾生活的水里含铜量比较高。

至于书里自告奋勇要帮助翔龙的蓝魔虾,也许它只是一只身体颜色变异的海洋礁石虾,模样长得和真正的蓝魔虾有些像而已。基因突变的事情谁说得准呢,你说是吧。

　　看到这么美丽的蓝魔虾你是否也动心想养一只呢？实际上饲养它们并不复杂，和我们平时常见的小龙虾差不多，而且也很容易得到，许多水族宠物店里都可以看见它们的身影。

十、天有不测风云

可是一说到到底怎么救翔龙，大家都沉默了：刚才连一张小小的渔网他们都没有摆平，此刻面对渔船这样的庞然大物，他们这些身体娇小的礁石居民又能有什么好办法呢。

大家紧急商议，讨论救出翔龙的办法，小胖自告奋勇，提议把渔船的船底砸破，让船里的两个坏蛋葬身大海，这样翔龙就得救了。

对于小胖的提议，小伙伴们都觉得不怎么靠谱，"你刚才连一张软软的渔网都没有砸烂，现在这么大这么坚硬的渔船你能行吗？"红鱼犹豫地提出了自己的疑问，明显的不信任。

"那你们有什么好办法吗？"向来对自己本领很自负的小胖，对同伴的怀疑很不服气。

大家确实是没有什么办法，所以只能让小胖试试。只见小胖松了松筋骨抖擞起精神，信心百倍地来到了船底下。

小胖很有经验地在船底游来游去，一会儿这里敲敲，一会儿那里听听，大家都不知道他在干什么，一起跟着

游来游去,好像是一群四处游荡的无业游民,看起来有些搞笑。

来回转了好几圈,小胖还没有停止的意思,红鱼实在有些憋不住了,他快速摆动了几下尾巴,游到小胖身边低声问道:"小胖,你在干什么啊?"他没有大声问,是怕小胖后悔了,又不好意思说,给他留面子呢。

小胖一副成竹在胸的模样,他看都没有看一眼红鱼,一边用敲击锤在船底一块颜色特别黑的地方轻敲了两下,又紧贴着听了一会,红鱼生怕打扰了他的工作,在一边安静看着,大气都不敢出一声。

好像对刚才敲击的地方很是满意,他这才扭头对红鱼说道:"我这是在寻找下手的地方呢。你们都只看见我平时爱敲击东西,可是我敲击之前都会进行判断的,像发出当当声音的地方,就比较薄脆,容易敲破,如果是发出咚咚的声音,就表明外壳比较厚实,难以敲破,我一般就不会出手了。"

伙伴们都被小胖的专业能力折服,他们都满怀期望地等待着,等待着希望的出现。

小胖也不含糊,只见他游到刚才选好的地方,深深吸了一口气,然后高高举起一对敲击锤猛地向船底击去。

"当——"

海上丝绸之路大冒险

随着小胖有力的敲击锤与坚硬的船底火星撞地球般的碰击，一声巨响在大家的耳边响起，强烈声波激起的水浪把围观的同伴们冲击得东倒西歪，身体弱点的还摔了个跟头。

当声波引起的耳鸣完全消失后，大家才如梦方醒，他们一起涌到刚才被敲击的地方，看船底是否被敲破了。可是现实让大家都很泄气：只见铁板一块的船底连个痕迹都没有留下，更别提敲破了。

小胖觉得很没有面子，他发疯似的扑了上去，一阵疯狂地敲击，"当当当——""当当当——"……声音密集得如同锅里的爆豆，炸得大家把耳朵都捂了起来，胆小的同伴干脆躲得远远的。

终于小胖实在是锤不动了,他停了手,趴在一片飘过的褐藻叶片上大口大口地喘气,连话都说不出来了。这个时候同伴们才敢过来,他们围在被敲击的地方查看,还别说,小胖的一顿敲击也不是一点效果都没有,只见黑黢黢的船板上面,密密麻麻地布满了许多细小坑点,活像人脸上长了许多大麻子。

不得不说,小胖实在是有些太高估自己的本事了。奇奇他们在船底闹腾的时候,甲板上的两个家伙根本没有丝毫察觉,此刻他俩正站在鱼舱边,满脸兴奋地盯着鱼舱里有些惊慌失措的小海龟,在两个家伙的眼里,翔龙就是厚厚一大沓钞票。

"看,老大,这只小海龟多美啊,是我见过的最漂亮的小海龟。"瘦猴心花怒放,似乎很快大把的钞票就到手了,自己就有好日子过了。

"是啊,是挺不错,身体健康花纹美丽,看来能换个好价钱。"胖龙也很开心,一对老鼠眼笑得眯成了一条缝。

这是瘦猴最想听的话,只要有钱赚他就高兴,不过这家伙绰号叫瘦猴可不是白叫的,真是长了毛比猴都精。他似乎怕胖龙不高兴有些犹豫,但最后还是说出了口:"老大,嘿嘿,到时候挣了钱,可……可不要忘……忘了兄弟我啊。"

胖龙当然明白瘦猴的意思，只见他一脸不耐烦地瞟了同伴一眼道："放心，到时候一定不会亏待你的，这么多年大哥我什么时候对不住你了。"

"那是，老大对兄弟我实在是太好了。"瘦猴一脸谄媚的笑，不过心里却在暗骂："你这比肥猪都肥的家伙，竟然睁着眼说瞎话，这么多年我吃你的亏还少吗。每次打鱼挣钱都是你拿大头我拿小头，还好意思说你人胖出的力气比我多，我看你长这么胖就是剥削我的黑心钱吃的，吃死你算了，迟早要被当肥猪宰了当肉卖。"

"老大，这次出海虽然鱼没有打到多少，不过捉到了这只小海龟，也算是意外的惊喜了。我们还是老规矩，喝点小酒庆祝一下吧。"瘦猴这个酒鬼这时酒瘾又犯了，眼巴巴地看着胖龙，满脸都是祈求的神色。每次出海，为了安全起见，胖龙都不许喝酒，他已经憋了快一天了，实在是有些熬不住了。

因为捉到了小海龟，胖龙今天心情很好，他抬头看了看天，太阳已渐渐西斜，天空虽然有大片大片的白云，但总体来说还是一个晴空万里的好天气。按照惯例，一般他们是趁着天黑无人看见的时候悄悄出海，再趁着夜色的掩护偷偷回到渔港，现在离天黑回去的时间还早，他也不打算再捕鱼了，也想休息庆祝一下，于是就答应了。

瘦猴对老大这个英明的决定十分拥护,他殷勤地用手示意让胖龙先走,然后忙不迭地一溜烟跑到渔船上简易的小厨房,准备酒菜去了。

说是厨房,实际只是船舱角落一个制作粗陋的木柜子,里面放着一些可以拿起就吃的方便食品。不过品种倒是齐全,有几瓶白酒、十几盒肉类和鱼类罐头,还有一些真空包装的榨菜等休闲小吃,这些都是他们为了出海而准备的。

他们两个离开后,翔龙才敢从角落探出脑袋,打量周围的环境。刚才他被从高高吊起的渔网里随着作为诱饵的沙丁鱼和地图一起倾泻到鱼舱里的时候,摔了个四脚朝天,差点都被摔晕了,刚明白一点,他就努力用四肢撑着翻过身来,躲在了一个角落。

翔龙确认两个坏蛋真的离开后,他慢慢从角落爬了出来。刚走了几步,他就看见前方不远处,一小堆沙丁鱼下面,一片花花绿绿的物体在银色的沙丁鱼群中特别显眼。

是地图,自己丢失的宝贝地图!翔龙大喜过望,他努力抑制着激动的心情几步就爬了过去,然后一把捧起地图,激动地贴在了胸口。

"地图啊我的宝贝地图,你可终于回来了!"他喃喃自语道。

海上丝绸之路大冒险

　　好像怕再次丢了似的，他赶紧三下五除二叠好地图，然后小心地重新藏在了脖子后面的龟甲之下。怕没有藏好，他又仔细地检查了好几次，见没有问题才放心。

　　这时翔龙才有心思好好查看一下自己身处的环境，只见周围到处都是被打捞上来的沙丁鱼，多数因为离水的时间太长，已经奄奄一息了，少数一些身体强壮的，还在做垂死挣扎，不断在同伴的身上跳跃。

　　翔龙没有心思同情这些可怜的沙丁鱼，他要想办法回到大海里，因为奇奇还有红鱼他们此刻一定在为

他担心着急呢。他把目光越过那些可怜的沙丁鱼向上看,这一看他的心凉了大半截,只见鱼舱的壁板非常高,光依靠他自己的力量根本没法攀越出去。

"呜呜——奇奇,我再也出不去了,再也见不到你了。"翔龙伤心地哭了起来,大滴大滴的眼泪顺着他的眼角滚落。有几滴正好滴落在一条垂死的沙丁鱼嘴边,让它回光返照似的又张嘴翕动了几下,然后再也不动了。

这时黄昏渐渐来临,天上原本一朵朵的白云越飘越近,有些已经牵连在了一起,云层变得越来越厚,海风好像也大了一些。

船舱里,两个家伙已经推杯换盏地大吃大喝起来。嫌光线昏暗,瘦猴顺手把旁边的电灯拽亮了,顿时昏暗的船舱里亮堂了起来。

"老大,到底是谁想要海龟啊?不会是卖给餐馆吧?"这个问题好奇的瘦猴憋了半天,终于趁着胖龙喝酒情绪好的时候提了出来。

几杯老酒下肚,胖龙确实兴奋了许多,话也开始多了起来。见瘦猴问起,他也不再隐瞒,只见他端起一杯酒"吱"地嘬了一口,然后把酒杯往桌子上一放道:"把哥哥看成什么人了,我怎么会做那样的缺德事,把海龟卖给餐馆烧了当肉吃呢,是有个有钱的老板想在自己的豪宅里建个私人的海洋馆，什么品种都有了，可就是缺只海龟，所以才托我给他偷捕一只的。"

听胖龙说完，瘦猴恍然大悟，他十分羡慕地赔笑道："老大，你连这么有钱的大老板都认识啊，实在是太了不起了，兄弟我实在是太佩服了。"见胖龙认识这么有钱的老板，一心想发财的瘦猴为了巴结他频频敬酒，心情大好的胖龙也来者不拒，结果不知不觉两个家伙都喝多了，口齿不清了还在称兄道弟互相敬酒。

终于酒量小点的瘦猴酒劲上头，头一歪就躺在地上呼呼大睡起来，胖龙嘟嘟囔囔地叫了他几声，见瘦猴没有回应，觉得无聊的他也身子一歪靠在仓板上睡着了，呼噜响得如同一头超级大肥猪。

天上的云层越来越厚，海风也越来越大，摇得已经抛锚的渔船左右摇晃，晃动得厉害。在胖龙和瘦猴睡下后不久，船上的无线广播里忽然响起一阵噼里啪啦的声音，紧接着一个清晰的女声响起："现在播报紧急通知，现在播报紧急通知，根据最新的气象预报，一股强风暴正在附近的海域形成，将于一个小时后影响我市，届时会带来大浪暴雨，请还在海上作业的渔船紧急回港避风。"

紧急广播间隔几分钟重复播报了多次，可是船舱

里两个睡得像死猪一般的家伙还在睡梦中做着发财的春秋大梦,根本不知道一场危险正在向他们步步逼近。

　　风浪越来越大,但是船底下的奇奇他们并没有注意到周围环境的变化,因为他们都在为如何救出翔龙而发愁。自从小胖的凿船计划也彻底破灭后,大家几乎都要绝望了,因为谁也想不出新的办法了。时间在一点点流逝,危险也在一分分增加:一旦渔船启程回港,他们就要永远与翔龙告别了,奇奇他们俩环游世界的计划也要泡汤了。

　　天色忽然昏暗了下来,黑沉沉的十分吓人,强烈的海风吹过海面,掀起一股股高达数米的巨浪,紧接着瓢泼大雨从天而降,预报的强风暴如期而至。

台风和飓风的区别

　　台风和飓风有一个共同的名字——热带气旋。由于它们发生地不同,不同国家用了不同的称呼。在北

半球,东太平洋和大西洋海域上生成的风力达到12级的热带气旋称之为飓风,而西太平洋海域则称之为台风。

螳螂虾到底有多厉害?

书中螳螂虾小胖的勇敢和对自己本领的自信相信大家都领教过了,那么它们在弱肉强食、强者如林的海洋里真的有这么厉害吗?

说到螳螂虾,它们另外一个名字居住在海边的朋友们可能更熟悉,那就是皮皮虾。此外,在我国,由于地域不同它们还有众多各具特色的名字,比如虾蛄、虾爬子、濑尿虾等。

别看螳螂虾个头不大,但是它们的性情凶猛,是个真正的斗士,而且视力十分锐利。通常,它们在浅海的沙地挖穴,洞穴多为U字形,或者找个礁石裂缝,然后螳螂虾躲在里面,等到海胆、螃蟹等猎物从门前走过的时候,它们就快速从洞里冲出,用自己威力强大的敲击锤砸烂猎物的外层硬壳,然后拖回洞里慢慢享用。

　　螳螂虾从捕食方式可以分为穿刺型螳螂虾和粉碎型螳螂虾两种,敲击锤是粉碎型螳螂虾才有的独门兵器。说是敲击锤,实际是螳螂虾末节踝部异常扩大、坚硬,再加上节内含有强健肌肉,从而使它们的末节具有强大的破坏力而已。说出来你可能不信,一只体长25厘米左右的粉碎型螳螂虾一次击打的力量,可以与一只小口径手枪射出的子弹威力相媲美。

　　看了上面的内容,你是不是觉得这种海洋里不起眼的小生物还真是蛮厉害的呢。

十一、代号"风暴"的紧急营救

突如其来的强风暴把小伙伴们都吓了一跳,他们都躲在渔船底下躲避风浪,现在体积庞大的渔船在浩瀚无边的大海之中,飘零得好像一片树叶,左右摇晃得如同一张摇篮。

"奇怪,这么大的风暴,这艘渔船为什么不回港避风啊?"红鱼对渔民们的日常捕鱼活动了如指掌,以往一般遇到这样的情况,渔船早就起锚回港了,今天这艘渔船的行为实在有些可疑。

在红鱼他们胡乱猜疑的时候,甲板上的鱼舱里又是另外一番景象,只见瓢泼大雨如同完全打开的水龙头般不断朝翔龙的身上浇去,很快鱼舱里面就积起了不少雨水,翔龙必须高高昂着头紧闭着嘴巴才不会被如注的雨水呛到。

咳——如果这场大雨早点下就好了,这样这些沙丁鱼也不会如此悲惨地死去了,翔龙看着身边雨水中漂浮的密密麻麻的沙丁鱼尸体想到。

不过现在他可没有多少时间去同情这些沙丁鱼们,因为他要担心自己的命运了——如果不能趁着这

场突然而至的大雨提供的机会逃脱的话,也许迎接自己的就是和这些在雨水中肚皮朝天的沙丁鱼们一样的命运了。

天空黑得吓人,船舱里的灯光因为渔船的剧烈摇晃而忽明忽暗,如同暗夜里的鬼火。在一片令人窒息的恐怖气氛里,翔龙发出了最后的求救:"奇奇,红鱼,快救救我,你们快救救我。"翔龙张嘴朝着鱼舱外大声叫喊,密集的大雨立刻让他连呛着了好几口冰冷的雨水。

翔龙的求救声刚出口立刻被迅疾的海风吹得无影无踪,消失在黑沉沉的夜空之中,翔龙也不知道奇奇他们是否可以听见,他伤心地哭了,咸咸的泪水混着冷冰冰的雨水一起顺着他的脸颊流了下来。

好像有心灵感应似的,正在躲避风雨的奇奇忽然全神贯注地侧耳倾听起来,看着奇奇专注的神情,红鱼有些不解地问道:"奇奇,你在干什么啊?"

"嘘——"奇奇让红鱼安静,"听,我好像听见翔龙的声音了。"他满脸担心地说道。

"可……可是我什么都没有听见啊。"红鱼侧耳听了半天,满耳除了呼啸的风声就是暴雨击打海面发出的如同爆豆般的噼啪声。

"我们也什么都没有听见。"螳螂虾小胖和其他同

伴也一起摇头。

"不,我听见了,一定是翔龙的声音,他肯定是在喊让我们救他呢。"奇奇坚持自己的看法,他相信自己的直觉。

不管外面下着瓢泼大雨,奇奇从船底冲了出来,他不断跃出水面朝着渔船上喊道:"翔龙——翔龙——"

"奇奇——快救救我——"风雨中隐隐约约传来了翔龙那熟悉的声音。是翔龙!这次奇奇听清楚了,不是自己的错觉,真的是翔龙在叫他。

紧跟着奇奇游出来的红鱼他们也听见了,"是翔龙,翔龙还活着。"大家欢呼雀跃起来,一时间雨花四溅的海面上到处都是跃出水面的欢乐的身影。

"翔龙——翔龙——我们一定会想办法救你的。"奇奇冲着甲板上大喊,也不知道翔龙是否可以听见。

还别说,鱼舱里的翔龙还真听见了,当风雨把奇奇熟悉的喊声传递到他的耳边的时候,翔龙落泪了,"奇奇,我的好朋友,我可真想你啊。"他喃喃自语道。

"我们必须尽快救出翔龙,如果大雨停了我们就没有机会了。"红鱼经验很丰富,根据他判断,一旦大雨停了,渔船多半就会起锚开走了。

"我们需要先搞清渔船上的情况,然后才能确定营救方案。"小胖提出了自己的看法。

对于小胖的提议，大家都同意，可是怎么才能登上渔船呢？要知道他们都是水族，多数离开水面时间长点的话都会丧命，更不要说爬上高高的船舷了。

海面上的风雨实在是太大了，面对面说话都费劲，大家又回到安全的船底，商议营救翔龙的办法。

"我们需要成立一个紧急营救小组，这样营救行动才能有序高效。"经验丰富的红鱼提议道。

大家都同意，经过紧急磋商，伙伴们一致推举红鱼担任此次行动的总指挥，奇奇出任信息联络员，小胖是危险信号预警员，其他人随时准备策应，保证营救行动顺利进行。

"好了，营救指挥部现在成立了，我们需要几位可以攀爬的勇士，冒雨登上渔船，查明上面的情况。"红鱼果然很有领导才能，他立刻抓住了营救活动的关键。

听了总指挥的话，礁石居民们面面相觑，他们你看看我我再看看你，一时间谁都没有说话。要知道登上渔船，本身就是自投罗网的节奏啊，更何况是在这么大的风雨之中，攀爬的难度就更加大了，搞不好就会失手摔下来，缺胳膊断腿的也说不定呢。

"怎么了，难道我们礁石居民一个勇士都没有了吗？"红鱼见周围的同伴们一片沉默，有些不满。

"拜托,拜托各位了,救救我的好朋友翔龙吧。"奇奇用真诚的眼神看着大家央求道。

"我来,这点小事可难不住我。"一片静默中一个不大的声音忽然响起,但是显得很自信和坚定。

大家都向声音响起处看去,原来说话的是蓝环章鱼,只见他柔软的身体上布满了引人注目的蓝色圆环,看起来十分美丽。

见蓝环章鱼自告奋勇,大家都是又佩服又放心,因为拥有八条富有吸力触足的蓝环章鱼可是攀爬高手,比眼前这条渔船再大一些的船只他也能不费力气地爬上去。

见已经有一位勇士报名了,总指挥官红鱼很高兴,"我们现在还需要一位勇士,和蓝环章鱼老弟一起行动,这样可以相互照应。"他再次向同伴们发出呼吁。

"我去,这点小事也难不住我。"又有一位礁石居民自告奋勇,大家一起看去,原来是梭子蟹。梭子蟹有八条匕首般锋利的步足,还有两只有力的大螯,平时在礁石上爬高上梯的对他来说简直就是小菜一碟,攀爬上渔船也不算什么难事。

见梭子蟹主动报名,红鱼指挥官大喜,"好,现在我们的紧急营救小队就正式成立了,请两位勇士做好准备,行动随时开始。"

"总指挥,我们这次行动的代号是什么?"蓝环章鱼很有正规军的派头,他抬起一条长触手向红鱼指挥官敬了一个挺标准的军礼道。

"就叫'风暴'行动吧。"红鱼看了看海面上风雨如注的暴风雨,既深沉又很有派头地说道。

"是,指挥官,'风暴'行动是否开始,请指示。"两位勇士站成一排一起问道。

"小胖预警员,请你侦查一下外面的情况,速速回报。"红鱼发出了第一道指令。

螳螂虾小胖接受了命令,他仔细在外面侦查了一番,见一切正常,立刻回来禀报道:"报告总指挥,外面一切正常,没发现异常情况。"

红鱼听了很威严地在原地转了一个圈下令道:"现在我命令营救小队出发。"

"得令!"两位勇士又一起敬了一个军礼,然后转身向着船头游去。

见两位勇士出发了,小伙伴们都紧紧跟随在后面,一起见证这场伟大的营救行动。

两位勇士绕着船头转了一圈,一致决定从锚头的缆绳处攀爬上去,因为这里是登上渔船的最便捷的地方了。行动正式开始,蓝环章鱼勇士一马当先,只见他用几条触手交替缠住绳索,在风雨中一点点向船舷进

发。梭子蟹也不甘落后,他用一对有力的大钳子夹住绳索,紧跟在后向上爬去。

"加油!""加油啊,勇士们!"……

海面上响起一阵阵热烈的加油声,那是奇奇他们在为两位勇士助威鼓劲。

在猛烈的风雨中,两位勇士终于接近了船舷,蓝环章鱼最先爬了上去,接着梭子蟹扁扁的身影也消失在船舷之后。

"我们成功了。"奇奇兴奋地叫道。

"奇奇,别高兴得太早了,上面还不知道什么情况呢,希望两位勇士不要遇到什么危险。"小胖比较冷静,他的话一下让兴奋的奇奇安静下来。

蓝环章鱼和梭子蟹当然不会遇到什么危险了,因为两个醉鬼还在呼呼大睡,睡得好像死猪一般。现在就算渔船被风暴打沉了,他们也一定不会知道自己是如何去见阎王的。

船舱里的灯光还在风雨中顽强地亮着,给这墨色一片的世界带来一丝光亮的同时,也让绝望的心灵感受到一点温暖和希望。

登上甲板的蓝环章鱼和梭子蟹不知道翔龙在哪里,就着船舱里透出的一束灯光,他俩一边东张西望,一边小声叫道:"翔龙,翔龙,你在哪里?我们救你来啦。"

翔龙正在伤心,之前奇奇的喊声让他看到了一丝希望,可是等了半天没有什么动静,又让他的情绪跌落到了谷底。鱼舱里的积水越来越深了,现在翔龙基本是漂浮在一群死去的沙丁鱼尸体中,周围散发的强烈的死亡气息让翔龙的心里一阵阵像过电似的发慌。

"奇奇，你们快点来救我啊。"他在心里不断喊道。

就在这个时候，他忽然听见风雨中有人在喊他的名字。开始他以为自己听错了，可是凝神倾听了一下，没错，是有人在叫他，而且离得很近，就在甲板上。

"我在这里啊，我在这里啊。"他开心地差点蹦了起来，不住地伸头想往甲板上看，但是高高的仓板挡住了他的视线。

听到了翔龙的回应，蓝环章鱼和梭子蟹都十分高兴，看来翔龙安全无事，这让他们的心先放下了一小半。循着翔龙的喊声找去，这时他们才发现了鱼舱里的翔龙，只见他漂浮在一群死去的沙丁鱼中，正在激动地向四周张望。

"翔龙，是我们，我们俩代表大家来救你了。"看见安全无恙的翔龙，两位勇士也很激动，蓝环章鱼压低声音小声说道。

"谢谢你们，你们都是我真正的朋友。"看见虽然只是分别了几个小时，但好像几个世纪那么漫长的礁石朋友，翔龙流下了感动的泪水。

"翔龙，怎么能把你从这里拉出来啊？"蓝环章鱼很聪明，现在可不是叙旧的时候，得赶紧想办法帮助翔龙离开鱼舱，多停留一分钟就多一分危险。他抬头看

了看灯光忽明忽暗的船舱，还好，那里还是一片寂静。

"我……我也不知道怎么离开这里。"虽然在鱼舱里待了半天，但是翔龙并没有想出逃离的办法，他真觉得自己有些无用。

看着鱼舱里的翔龙，两位勇士也没有什么好办法，他俩焦急地在舱口转来转去，可是转了好几圈还是没有一点儿办法。

这个时候暴雨依然在下，而且好像还越来越大了，梭子蟹无意中朝鱼舱里瞄了一眼，忽然发现漂浮在雨水中的翔龙似乎离舱口又近了一些。梭子蟹以为自己眼花看错了，他把眼睛缩进眼囊清洗了一下重新观看，没错，是离舱口近了些。

细心的梭子蟹仔细观察了一下就发现了原因：原来是直接落进鱼舱的雨水和甲板上一些流进鱼舱的雨水让里面的水位上涨了。观察到这个现象，梭子蟹转了转自己的棒槌眼，忽然兴奋地叫道："哈——我有让翔龙离开鱼舱的办法了。"

听说梭子蟹有了办法，蓝环章鱼立刻挪动八条腿爬了过来，焦急地问道："你快说，是什么办法啊？"

"雨水，就是这些雨水。"梭子蟹有些得意地看了看天说道。

蓝环章鱼和翔龙都不明白，梭子蟹耐心地给他俩

讲了自己刚刚的发现，他俩都高兴地叫了起来。

"哈——我终于可以离开这里了。"翔龙兴奋地叫道。

"雨啊雨啊，你再下得大些吧。"原本被大雨淋成落汤鸡的翔龙现在开始祈祷暴风雨来得更猛烈些了。

好像听到了翔龙的祈祷，暴风雨越发猛烈，大雨如同决堤的水库般向下倾泻，密集得让人都睁不开眼。甲板上的蓝环章鱼和梭子蟹也没有闲着，他俩找了一段绳子，然后一人拉住一端挡在舱口的下沿，这样可以阻挡住雨水，让绕过鱼舱的雨水都回流到鱼舱里。

空气好像都要凝固了，在他们的不懈努力后，鱼舱里的水位越涨越高，终于翔龙的脑袋可以伸出舱口了。兴奋的蓝环章鱼和梭子蟹赶紧爬了过去，他俩拉的拉拽的拽，终于把翔龙从鱼舱里救了出来。

成功了！三位好朋友紧紧拥抱在一起，那呼啸而过的暴风雨是他们伟大友谊的见证者。

三位小伙伴不敢停留，他们立刻奔到船锚边。蓝环章鱼和梭子蟹帮助在岸上身体有些笨拙的翔龙费力地爬上船舷，"跳，快跳下去。"他俩一起叫道。

翔龙低头朝熟悉的大海看去，立刻奇奇、红鱼他们熟悉的身影一起映入他的眼帘，此刻他们都在暴风雨

中焦急地注视着两位勇士消失处的船舷,等待着奇迹的发生。一看见翔龙的身影,海面上立刻爆发出一阵激动的欢呼,那欢乐的声音一时让肆虐喧嚣的暴风雨都相形见绌。

翔龙勇敢地跳了下去,没有丝毫的犹豫,因为那里有他最好的朋友们在等着他。

在他的身后,两位勇士也紧跟着跳入海中,加入这狂欢的庆典。

在海上遇到暴风雨怎么办?

一般来说,船只在海上航行的时候,都会主动关注气象部门的适时气象动态,以规避遇到风暴的危险,这一点对于船只在海上安全航行十分重要。如果遭遇了风暴,首先应该采取积极的措施,比如尽快回港避风,或者绕道航行等。

蓝环章鱼有多危险?

说到章鱼,大家可能都不怎么喜欢,觉得它们相貌丑陋外形恐怖,连许多恐怖电影都把它们作为可怕的海洋怪物来展现。

全世界已知的章鱼种类大约为650种,它们的个头差异极大,最大的太平洋巨型章鱼,体长可达5米,体重数十公斤,而最小的乔木状章鱼,体长还不到1厘

米。而蓝环章鱼，也是一种很小的章鱼品种，一般臂跨不超过15厘米。不过不管是哪种体型的章鱼，它们都是名副其实的大力士，有力的腕足常常可以拖动超过自身重量数十倍的重物前进。

说到蓝环章鱼，通常只有一个高尔夫球大小，但是它们可是极其危险的。在海洋中，蓝环章鱼属于剧毒生物之一，如果不小心被它咬上一口，结果可能是致命的。据科学研究，一只蓝环章鱼所携带的毒素可以在几分钟内杀死26名成年人，而且目前还没有有效的抗毒素来预防它。

蓝环章鱼拥有的剧毒是用来保护自己的，当它们受到很大的威胁时，这些美丽的家伙身上和爪子上深色的圆环就会发出耀眼的蓝光，用来向对方发出警告，蓝环章鱼也因此而得名。

十二、环游世界计划再次启动

快到凌晨的时候，几乎肆虐了一夜的暴风雨才像发够坏脾气的小孩一样，闹腾累了自然就消停了。暴风雨过后，整个世界似乎都被清洗了一遍，天空越发幽蓝深邃，海面上空气清冽波澜不兴，一股夹带着淡淡咸味的微风在浩瀚无际的海面上吹拂着。

世界一片安宁祥和。

直到太阳在东边的海平线露出一抹鱼肚白，两个坏蛋才先后醒酒。瘦猴最先醒来，他眨巴眨巴一双猕猴眼，觉得嘴巴发干，喉咙也像干旱许久的枯井壁似的扯的难受。他随手拿起旁边一瓶横躺在地上的矿泉水，咕咚咕咚像饮水的老牛似的猛饮一气，这才觉得舒服多了。他把快喝干的矿泉水瓶随手一扔，看了一眼对面的胖龙，这家伙还在酣睡，肉乎乎的大肚子好像鼓气的蛤蟆似的一起一伏。

瘦猴扭头看了一眼舱外，外面已经大亮，勉强可以看见的一线天空清澈瓦蓝，没有一丝云彩，可以想见今天天气一定不错。虽然因为贪杯错过了连夜回港还要在海上漂一天，不过一想到很快就要发财了，他的

心情还是很不错的。

他站了起来,准备到甲板上去呼吸一下新鲜的空气,让因为宿醉而感觉昏沉沉的大脑清醒一点,顺便舒松一下筋骨——倒头在坚硬的舱板上睡了一夜,瘦猴觉得浑身的骨头都被硌得隐隐作痛。出去的时候,他随手拉灭了电灯——天已经大亮,它也完成了自己的使命暂时该下岗了。

瘦猴拉开舱门刚踏上甲板,就被眼前混乱的景象吓了一大跳,只见原本干巴巴的甲板上到处汪着水,水面上东一堆西一片地漂浮着硬邦邦的死沙丁鱼。

他这才想起昨天因为高兴急着庆贺,又因为连夜就会偷偷返回港口,所以舱盖就没有盖,连保鲜的冰块都没有放。"该死,真是贪杯误事啊。"他用手轻拍了一下脑门,有些懊恼地埋怨自己。

原本大好的心情一下就变差了,瘦猴正想着如何收拾这幅残局,忽然一个更加重要的念头猛地跳上他的心头:小海龟,小海龟怎么样了,怎么没有看见小海龟的身影啊。

一想到这儿,本来还挺镇静的瘦猴一下就慌了,只见他像一只大马猴似的蹚着水就奔向鱼舱边,踩得水花四溅,打湿了衣服他也没有感觉。

等到他蹦到鱼舱口探头朝里面一望,心立刻凉了大半截：鱼舱里除了满满一舱清亮的雨水和水面漂浮的死沙丁鱼外，昨天捕捉的小海龟踪迹不见。

"小海龟，我们的财神小海龟不见了。"瘦猴一下嚎了起来，声音里带着明显的哭腔。他赶紧慌张地在甲板上四处寻找，可是哪里还有小海龟的踪影啊。

"老大老大，小海龟不见了。"瘦猴像子弹一般射进船舱，想和胖龙报告。

胖龙还在酣睡，瘦猴的叫声只是让他侧了一个身，嘴里嘟囔了几句，也不知道在说什么，然后又睡着了。"老大，快醒醒，小海龟不见了，我们的横财发不了了！"见胖龙还没醒，瘦猴急眼了，他抬起自己鸡爪子般的右手，照着胖龙胖嘟嘟都是横肉的腮帮子就是几个响亮的耳光。

脸上火辣辣疼痛的胖龙一下惊醒了，迷迷糊糊的他开始还有些发蒙，等明白过来是胆大包天的瘦猴扇了自己几耳光，他像愤怒的弹簧似的一下蹦了起来，瞪着一对老鼠眼怒吼道："你为什么要打我？想造反啊？"

瘦猴被暴怒的胖龙吓得一缩脖子，他下意识地后退了几步，离得远些了才敢有些哆嗦地回话道："老……老大，大事不好了，小海龟不见了。"

"怎么回事？小海龟怎么会不见呢，不是放在鱼舱

里的吗?"胖龙一时没有搞明白,鱼舱那么深,小海龟怎么会不见了呢。

"老……老大,我也不知道怎么回事,刚才我醒来想到甲板上透透气醒醒酒,就看见甲板上和鱼舱里都是水,小海龟不见了。"怕胖龙责怪他,瘦猴赶紧解释。听了瘦猴的解释,胖龙这会儿酒也完全醒了,这次出海偷渔捉到小海龟可以说是最大的收获,大捞一笔就指望它了,现在忽然不见了,他也不由着急起来。

"我们快出去找找,看是不是躲在什么地方了。"胖龙捕了大半辈子鱼了,他可不相信一只离开水行动就很笨拙的小海龟会有本事自己逃离渔船。

瘦猴本想说自己到处都找过了,可是话到嘴边又咽了回去:老大现在正在气头上,可不要多嘴多舌招惹了他,免得迁怒于自己。想到这,他闭紧了嘴巴,跟了出去。

胖龙到甲板上一看,果然像瘦猴说的,甲板上到处都是水和漂浮的死鱼,鱼舱也像灌满水的浴缸,除了清亮的雨水和死翘翘的沙丁鱼外,再无他物了。

"肯定是半夜里下了暴风雨,雨水把鱼舱灌满了,小海龟趁机爬出鱼舱逃走了。"海上经验丰富的胖龙绕着鱼舱转了一圈,又抬头看了看雨后格外清新的天空立刻猜出了原因。

"老大你实在是太厉害了,没看见都知道原因,肯定就是这样。"瘦猴赶紧拍马屁,只要胖龙心情一好他就安全无事了。

"好啦好啦,小海龟跑了钱也跟着跑了,我现在厉害管屁用。"胖龙虽然嘴上这么说,但是脸上凶巴巴的表情却柔和了一些。

"老大,那我们现在该怎么办?"善于察言观色的瘦猴立刻捕捉到了老大情绪上的变化,他依然小心问道。

"怎么办?当然是跟后面追了。我估计小海龟还没有跑太远,运气好的话也许会赶上。"话虽这么说,他心里一点儿把握都没有,只是到嘴的鸭子飞了,他有些不甘心自我安慰罢了。

两个财迷心窍的家伙立刻发动渔船,没头苍蝇似的在一望无垠的海面上乱窜,发疯似的寻找翔龙的身影。可是到哪里找啊,南海这么辽阔,不要说寻找一只小小的海龟了,就是寻找一头体型庞大的鲸鱼,也要看运气了。

残存的一丝微弱希望在夕阳把最后的一抹光芒也隐藏入海面下后彻底破灭了,两个家伙不得不接受了失败的命运。垂头丧气的两人坐在船舱里连话也懒得说,只等着夜幕完全降临后潜回渔港,这一天为了追

捕小海龟连鱼也没有好好打,他们这次出海算是亏大了。

煮熟的鸭子飞了,让两个家伙十分懊恼,可是更倒霉的事情还在后面呢。等他俩偷偷摸摸带着一堆死翘翘已经有些发臭,只能卖给人当猫粮的沙丁鱼刚回到港口,就被渔业公安发现抓住了,等待他们的将是一笔数目很大的罚款。这下好了,在海上偷渔辛苦了半天,不仅没挣到一分钱,还要破很大一笔财,两个家伙真是偷鸡不成蚀把米啊。

那么翔龙和奇奇他们到哪里去了呢?原来啊,当瘦猴刚酒醒的时候,翔龙、奇奇和红鱼他们已经冒着暴风雨连夜逃到了很远的地方,所以两个坏蛋在海上找了一天也没有找到他们。

翔龙和奇奇非常感谢礁石居民们对他们的救援,这真是患难见真情啊。"谢谢你们。"一直到了很远的安全地带,翔龙才有机会真诚地对所有的好朋友们说一声感谢。

"嘿嘿,不用谢,这是我们应该做的,我们是好朋友嘛。"红鱼代表同伴们接受了翔龙真心的谢意。

"你们接下来准备干什么呢?"美丽的南海已经游览得差不多了,小胖问道。

"我们准备继续我们的环球旅行,沿着大英雄郑和下西洋的足迹环游世界。"翔龙很坚定地说道。

"咳——真希望可以和你们一起去旅行啊。"红鱼有些羡慕地说道,其他的许多同伴差不多和他一样的表情。

"那好啊,那我们一起去旅行吧,这样人多还热闹些。"奇奇喜欢热闹,立刻发出了热情的邀请,虽然和这些萍水相逢的朋友只相处了短短的几天,可是已经有些舍不得他们了。

"嘿嘿,我……我还是不去了,我在老家南海这里住惯了,到其他地方我怕不习惯呢。"见奇奇真心邀请,红鱼有些困窘,赶紧推辞道。实际上他还有些真心话没好意思说出口,那就是他还没有足够的勇气面对漫长的旅途,还是待在熟悉闲适的南海老家比较合适。

"那你们下一站准备去哪里呢?"小胖问道。

翔龙摊开了地图,"看,根据地图的指示,我和奇奇离开南海后,会先后游历泰国湾、爪哇海等地方,然后再穿过马六甲海峡,进入印度洋。"翔龙侃侃而谈,真像是一位经验丰富见多识广的大航海家。

大家都对可以看懂神奇地图的翔龙佩服得五体投地,红鱼有些磕磕巴巴地说道:"天……天啊,他真是太厉害了,竟然连人类的东西都知道呢。"

"嘿嘿,我知道的东西还多着呢,这根本不值一

提。"见自己又多了一个忠实的粉丝,翔龙也毫不客气地接受夸奖了。

大家又陪着翔龙和奇奇向前游去,俗话说送君千里终有一别,终于离别的时刻来到了,红鱼、小胖他们都不断向即将远行的翔龙和奇奇挥手道别。

"保重啊,记得回来的时候来看我们。"

"是啊,一定要记得回来看我们啊。"

……

一声声祝福的话语随着轻轻的海浪声送入翔龙和奇奇的耳蜗,他俩的眼睛湿润了,也使劲向送别的好朋友们挥手。泪水模糊了他俩的视线,在一片迷蒙中,

海上丝绸之路大冒险

朋友们的身影越来越模糊,最终和深蓝的海水合为一体了。

告别了热心的南海小伙伴们,奇奇和翔龙踏上了新的旅程,就要离开祖国的水域了,旅行在继续,冒险也在继续,还有什么丰富多彩的旅途经历在等着他们呢?

"南海一号"沉船

"南海一号"是南宋初期一艘在海上丝绸之路向外运送瓷器时失事沉没的木质古沉船,沉没地点位于广东省阳江市南海海域,1987年被发现,是国内发现的第一艘沉船遗骸,沉船时间距今800多年。"南海一号"是迄今为止世界上发现的海上沉船中年代最早、船体最大、保存最完整的远洋贸易商船,为复原海上丝绸之路的历史、陶瓷史提供了极为难得的实物资料。

郑和巧破失窃案

这是郑和第一次下西洋时候的事,话说郑和率领庞大的船队刚离开刘家港,就有手下的一个小头目来报告,说他们的船上发生了一起失窃案。

郑和仔细听小头目讲述了事情经过,原来是一个年轻的船员刚新婚不久就随船队远航,新娘子为了祈祷丈夫平安归来,就把当作嫁妆的一对祖传玉手镯中的一只送给了丈夫,希望通灵的玉手镯可以保护丈夫一切顺利。年轻船员把玉镯带上了船,因为海上风浪大,他怕贴身带着万一滑落海里,所以就放在睡觉舱室自己的枕头底下。这天年轻船员有些想念新婚的妻子,想把玉镯拿出来看看,结果一掀枕头玉镯不见了。小头目听说立刻展开了调查,同一舱室里一共住了四个人,并没有外人来过,但其他三个人都不承认自己偷了价值不菲的玉镯,搜也搜不到,这让小头目束手无策。

郑和听了想了一下笑道:"这有何难,我有一只善于断案的鹦鹉,你把他们几个人都带来,我的鹦鹉只

要查看一下他们的手就知道谁偷了玉镯。"

小头目遵命很快把四个人带了过来，郑和命令年轻船员的室友分别到放鹦鹉的房间把手掌伸到鹦鹉面前让鹦鹉查看，而且在去之前分别在他们掌心放了几粒鹦鹉爱吃的黍米。

很快三人回来了，郑和让他们摊开手掌，他依次查看了一遍，说道："鹦鹉已经告诉我谁是小偷了。"然后指着其中的一个满脸络腮胡子的船员道："就是他。"

见事情败露，络腮胡子老实交代了自己偷玉镯的经过，原来他见玉镯很值钱，一时见财起意就偷了玉镯，然后把玉镯藏在了厨房里的一块咸肉里。咸肉一时半会吃不到，他想躲过这段风头再把玉镯转移走。

大家见郑和这么容易就破获了这么一起无头绪的案子，都十分佩服，那么你知道郑和是怎么知道谁是小偷的吗？

答案：

聪明的郑和利用小偷做贼心虚的心理，他在鹦鹉的嘴上先偷偷涂了一点墨汁，然后在三个人的掌心放几粒鹦鹉爱吃的黍米，他断定心里有鬼的小偷不敢把有黍米的手掌伸到鹦鹉面前，而是偷偷丢掉，这样他的掌心就不会有墨迹，案情就自然真相大白了。

第一部完